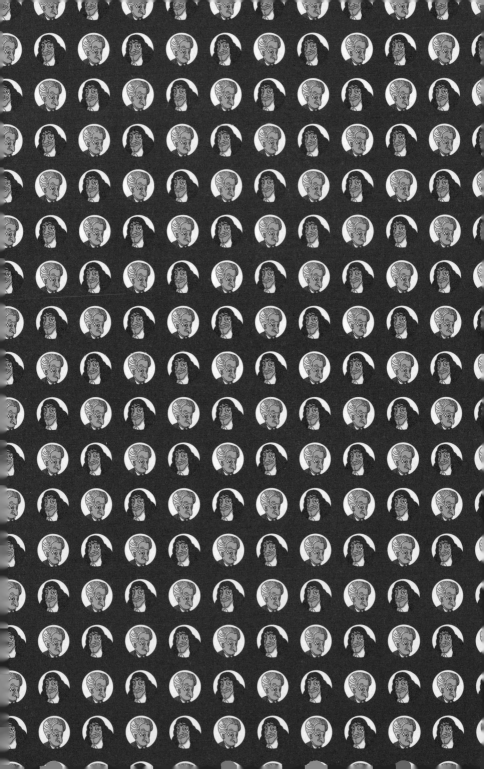

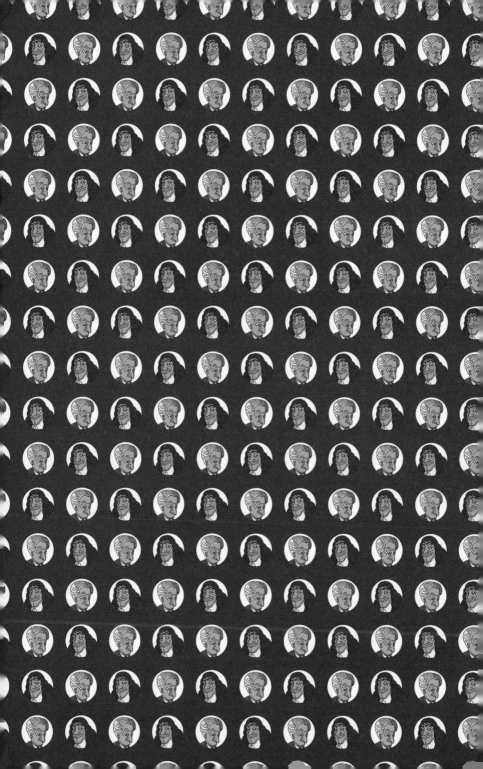

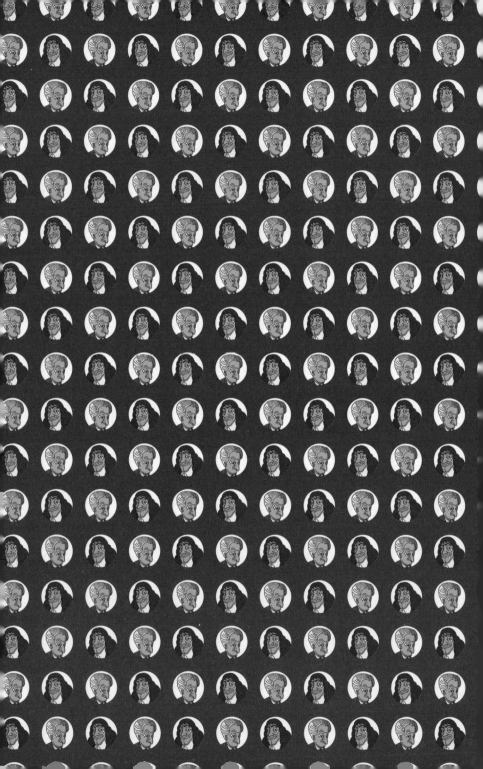

나다움
쫌 아는
10대

데카르트
VS
레비나스
내가 먼저일까 친구가 먼저일까

철학 쫌 아는 십대 01

나다움 쫌 아는 10대

이재환 글
방상호 그림

데카르트 vs 레비나스
내가 먼저일까 친구가 먼저일까

안녕. 우리 처음 만났으니까 각자 자기소개를 한 번 해 볼까?
먼저 '나'부터 할게.

"나는 이 책의 등장인물 중 한 명이고 '상담 선생님'이야. 학교
에서 주로 학생들의 고민을 들어주고 같이 답을 찾아보는 일
을 하고 있어. 아, 그리고 철학에도 관심이 많은 편이야."

자, 그럼 이제 네 차례야. 음, 꽤 오래 기다린 것 같은데 생각
하는 시간이 길어지는 것 같네. 어때, 막상 자기소개를 하려
니 조금 막막하지?

다들 처음 만난 사람 앞에서 자기소개를 해 본 적이 있을 거
야. 아마도 대부분이 "나는 몇 학년 몇 반이고 이름은 누구누
구야. 만나서 반가워." 이렇게 소개하겠지? 아니면 좋아하는
음식이나 취미 등도 덧붙여서 조금 더 길게 소개하거나. 그런
데 이렇게 자기소개를 하고 나면 '나'를 제대로 소개한 것처럼
느껴지니? 소속과 좋아하는 음식, 취미가 과연 '나'를 잘 설명
할 수 있을까? 반도 해마다 바뀌고 내가 좋아하는 음식, 취미
도 계속 바뀔 수 있잖아. 그럼 '나'도 같이 변하는 걸까? 내가
변할 때마다 자기소개도 바꿔야하는 걸까?

"너는 꿈이 뭐니?", "너도 이제 슬슬 진로에 대해서 고민해야지.", "너는 앞으로 뭘 하면서 살고 싶어?" 학교나 집에서 이런 질문을 많이 들어 봤을 거야. 가끔 이런 주제로 친구들과 대화도 해 봤을 것 같아. 그런데 이런 질문에 대답하려고 하면 뭔가 막막하고 막연한 느낌이 든 적이 있을 거야.

그런데 좀 이상하지 않아? 다른 사람을 소개하는 것도 아니고 내가 나를 소개하는 건데 자기소개는 왜 이렇게 어려운 걸까? 친구의 꿈이나 진로가 아니라 내 꿈과 진로를 말하는 건데 왜 이렇게 막막한 걸까? 그 이유는 어쩌면 우리가 생각보다 '나'에 대해서 잘 모르고 있어서인지도 몰라. 내가 누구인지 제대로 알아야 '나'를 잘 소개할 수 있고, 또 그 '나'가 원하는 꿈과 진로가 뭔지 대답할 수도 있을 테니까 말이야. 그래서 이 책에서는 '나'가 누군지, '나다움'이 무엇인지 이야기해 보려고 해.

'중2병'이라고 들어본 적 있지? 이 책을 읽고 있는 사람 중에도 이 병을 앓고 있거나, 아니면 중증 중2병을 가진 친구를 알고 있는 사람도 있을 거야. '중2병'에는 여러 증상이 있지만 대체로 '나답지 않게' 허세를 부리는 거라고 할 수 있어. 이렇게 내가 누구인지 잘 모르면 어른이 되어서도 '중2병'을 겪을지 몰라. '나다움'이 뭔지 모르면 결국 '나답지 않게' 행동할 수밖에 없을 테니까. 그럼 혹시 '대2병'도 들어본 적 있어? '대2병'은 대학에 입학할 때까지 내가 누구인지 고민하지 않고 살다가 대학교 2학년에야 '나다움'을 고민하기 시작하면서 생기는 병이야. 그전에는 대학을 목표로 무작정 공부만 하다가 대학을 졸업하면 취직을 해야 하니까 그제야 내가 어떤 일에 관심이 있는지, 정말 내가 원하는 삶이 무엇인지 진지하게 고민하기 시작하는 거지. 그러니까 내가 누구인지, '나다움'이 무엇인지는 언젠가 꼭 한번은 고민해야 하는 문제야. 그렇다면 나랑 지금 같이 생각해 보는 건 어떨까?

사실 우리 학교에도 이 문제를 고민하는 친구들이 많은 것 같아. 지난번에 영민이라는 친구가 학교 상담실에 찾아와서 고민을 털어놓은 적이 있어. 친구들에게 자기소개를 해야 하는데 자기가 누구인지 모르겠다고. 그래서 내가 누군지, '나다움'이 무엇인지 한참 같이 이야기했어. 나랑 한 이야기가 도움이 되었는지 영민이가 나중에 친구인 다빈이와 재영이도 데려와서 아주 즐거운 대화를 나눴지. 이 책은 그때 우리가 나눈 이야기를 정리한 내용이야. 우리가 무슨 이야기를 했는지 궁금하지 않니?

우리는 "나는 누구, 여긴 어디?"라는 질문에 답을 얻기 위해서 철학자의 도움을 받았어. "뭐, 철학자라고?" 하면서 벌써 책을 덮으려는 사람은 없겠지? 너무 걱정할 건 없어. 철학자는 어려운 말을 하는 사람들이 아니라 우리가 지금 고민하고 있는 문제를 먼저 고민하고 답을 찾으려고 했던 사람이야. 그러니 철학자의 생각을 잘 따라가다 보면 미로 같은 '나다움'의 고민에 출구를 찾을 수 있을지도 몰라.

이 책에서 도움을 받을 철학자는 르네 데카르트(René Descartes, 1596-1650)와 '에마뉘엘 레비나스(Emmanuel Levinas, 1906-1995)'야. 데카르트는 "나는 생각한다. 그러므로 존재한다."라는 유명한 말로 잘 알려진 철학자야. 데카르트는 누구보다도 '나'가 누구인가에 대해서 고민한 철학자니까 어쩌면 데카르트를 통해서 그 해답을 찾을 수 있을 지도 몰라. 레비나스는 '나'와 다른 사람과의 관계에 대해서 고민한 철학자야. '나'는 이 세상에 혼자 사는 것이 아니니까 '나'와 다른 사람이 어떤 관계를 맺고 있는지 살펴보는 것이 '나다움'을 이해하는 데에도 도움이 될 거야. 자, 그럼 이 두 철학자가 가이드가 되어 주는 '나다움'을 찾는 여행에 같이 가지 않을래?

차례

선생님 여러분, 오늘은 자유학년제 '진로 탐색' 수업 첫 시간이
지요? 이번 학기엔 나중에 자기가 뭘 하고 싶은지를 생
각해 보는 진로 탐색을 해 볼 거예요. 그러려면 자기가
좋아하고 잘하는지 알아야겠죠? 그걸 '적성'이라고 하
는데, 자유학년제를 하는 이유도 여러분이 적성을 잘
찾도록 돕기 위해서예요. 그런데 내 적성을 알려면 내
가 누구인지부터 알아야겠죠? 그래서 오늘은 자기소개
를 헤 볼까 해요. 어렵게 생각하지 말고 자기를 잘 소개
할 수 있는 이야기를 하면 돼요. 장래 희망도 좋고 취미
나 좋아하는 음식 같은 기호를 말해도 좋아요. 그렇게
어렵지 않죠? 생각할 시간이 필요할 테니까 선생님은
15분 후에 올게요. 혼자 하기 힘들면 친구들과 상의해
도 괜찮아요.

영민 재영아, 너는 뭐라고 소개할 거야?

재영 음… 나는 친구들을 좋아하니까 친구들하고 노는 걸 좋
아하는 사람이라고 이야기하려고. 장래 희망은 봉사 활
동을 많이 하는 사람이 되는 것? 다빈이 너는?

다빈 솔직히 난 아직 꿈이 없어. 부모님은 선생님이 되라고 하는데, 아직은 잘 모르겠어. 그냥 핸드폰 게임하고 웹툰 보는 거 좋아하니까 그렇게 소개하려고. 아, 좋아하는 음식은 피자니까 그것도 말해야지. 영민이 너는?

영민 나도 마찬가지야. 나는 유튜브 많이 보고 피자도 좋아하긴 하는데… 그게 정말 나를 소개하는 내용인지도 모르겠어. 아, 나는 야구도 엄청 좋아해.

재영 야, 선생님도 그냥 장래 희망이랑 좋아하는 거 그런 이야기 하라고 하셨잖아.

영민 그런데 피자랑 치킨, 야구는 나만 좋아하는 게 아니잖아. 게다가 유튜브 구독자가 얼마나 많게. 재영이 너도 유튜브 채널 500개 정도 구독한다고 그러지 않았어?

재영 그건 됐고. 암튼 좋은 생각이 났어! 영민이 너는 생각하는 걸 좋아하잖아. 그건 다른 애들하고 확실히 다르니까 너를 소개하는 내용이 되지 않을까?

다빈 야, 선생님 오신다.

선생님 여러분, 준비 다 됐나요? 그럼 한 명씩 돌아가면서 자기소개 해 볼까요?

영민 선생님, 안녕하세요? 저 1학년 3반 김영민이라고 하는데요.

선생님 아, 그래 영민이. 우리 지난번에 한 번 만났지, 상담 시간에.

영민 어, 선생님, 기억하시네요.

선생님 이래 봬도 내가 기억력이 좀 있지. 그런데 오늘은 무슨 일 때문에 왔니? 점심시간인데 무슨 고민거리라도 있어? 그나저나 점심은 먹었어?

영민 네, 좀 일찍 먹었어요. 선생님은요?

선생님 나도 간단하게 먹고 커피 한잔하는 중.

영민 큰 고민은 아니고요, 여쭤볼 게 하나 있어서요.

선생님 그게 뭘까, 궁금하네.

영민 진로 탐색 수업 시간에 선생님께서 자기소개를 해 보라고 하는데, 계속 고민해 봐도 뭐라고 소개해야 할지 잘 모르겠어서요.

선생님 아, 그래? 그게 고민거리였어? 보통은 몇 학년 몇 반 누구고, 좋아하는 거는 뭐고. 친구들은 이렇게 말하지 않나?

영민 네, 그래서 저도 유튜브 보는 게 취미이고 좋아하는 음식은 치킨이라고 소개하긴 했어요. 그리고 아직 뭐가 되고 싶은지 모르겠지만 유튜브 크리에이터가 되면 좋겠다고 이야기하긴 했는데… 말하고 나니 좀 이상하더라고요.

선생님 이상하다니, 뭐가?

영민 사실 유튜브를 보는 것은 최근에 생긴 취미니까 곧 바뀔 수도 있잖아요. 치킨이라면 우리 반 절반은 좋아할 걸요. 유튜브 크리에이터가 되고 싶은 사람은 또 얼마나 많겠어요. 제가 아는 친구도 유튜브 크리에이터가 꿈인걸요. 그러니까 왠지 그것만으로 나를 소개할 수는 없을 것 같아요.

선생님 그렇지, 나도 치킨을 좋아하고 유튜브도 즐겨 보긴 하지만 내가 영민이랑 같은 사람은 아니니까.

영민 그래서 오늘 선생님을 찾아온 거예요. 저를 어떻게 소개해야 할까요?

선생님 글쎄, 잘 모르겠는데. 근데 내가 보기에 영민이는 뭐랄까, 지금 이상한 나라의 앨리스가 된 것 같은데?

영민 네? 이상한 나라의 앨리스요? 왜요?

선생님 영민이는 《이상한 나라의 앨리스》 읽어 본 적 있어?

영민 네, 초등학교 때요. 《이상한 나라의 앨리스》도 읽었고 《거울 나라의 앨리스》도 읽었어요.

선생님 이야, 우리 영민이 책 많이 읽는구나.

영민 뭐, 그 정도는 우리 반 친구들도 다 읽어 봤을걸요.

선생님 우리 학교 학생들 수준이 다들 높네.

영민 근데 《이상한 나라의 앨리스》는 왜요?

선생님 그 책에 보면 앨리스가 토끼 굴에 떨어진 후에 이상한 일을 많이 겪잖아. 엄청나게 작아지기도 하고 엄청나게 커지기도 하고.

영민 맞아요, 처음에는 뭘 마시고 엄청 작아졌다가 또 건포도 케이크인가 뭐 그런 거를 먹고 엄청 커지잖아요.

선생님 오, 제법인걸. 그럼 앨리스가 엄청 커졌을 때 자기가 커졌으니까 이제 앨리스가 아니라 다른 사람이라고 생각했던 장면은 혹시 기억나?

영민 아뇨, 그냥 그렇게 커졌다는 정도만요.

선생님 보자, 《이상한 나라의 앨리스》 책이 여기 어디 있을 텐데… 아, 여기 있네. 선생님이 그 장면 한번 읽어 볼게, 어디 보자….

"오늘은 정말 모든 게 이상하네! 어제만 해도 정상이었는데. 밤사이에 내가 변해 버린 걸까? 그런데 내가 달라졌다면, '도대체 나는 누구지?' 아, 도무지 알 수가 없잖아."

여기에 보면 앨리스가 '도대체 나는 누구지?' 하고 묻고 있어. 이렇게 말하고 나서 앨리스는 자기가 변했으니까 다른 사람이라고 생각해. 또 읽어 볼게.

앨리스는 자신이 누구처럼 변했는지 이해하려고, 자신이 아는 또래 친구들을 모두 떠올리기 시작했다. "에이다는 아니야. 에이다의 머리카락은 아주 긴 곱슬머리인데 나는 전혀 아니거든. 메이벌일 리도 없어. 나는 매우 유식하잖아? 그런데 메이벌은 아는 게 별로 없어. 게다가 메이벌은 메이벌이고, 나는 나인걸!"

이 장면 기억나니?

영민 들으니까 기억이 나는 것도 같고요.

선생님 어때, 앨리스가 여기서 하는 고민이 영민이 네가 하는 고민과 비슷해 보이지 않니?

영민 솔직히 저는 뭐가 비슷한지 잘 모르겠어요. 내가 누구인지 궁금하긴 하지만 제가 몸이 커지거나 작아진 건 아니잖아요.

선생님 그럼 조금만 더 읽어 볼까? 앨리스가 쐐기벌레를 만나는 장면을 떠올려 봐.

영민 쐐기벌레요? 그게 뭐예요?

선생님 음, 쐐기벌레는 애벌레 같은 건데….

영민 아, 애벌레 만난 건 알죠.

선생님 영민이가 읽은 책은 애벌레라고 번역했나 보구나. 암튼, 앨리스가 쐐기벌레, 아니 그냥 애벌레라고 하자, 애벌레를 만나는 장면이야. 이번엔 영민이가 읽어 볼래?

영민 네.

> 쐐기벌레가 입에서 담뱃대를 빼고 졸린 목소리로 나른하게 물었다. "넌 누구니?" "난… 잘 모르겠어요, 지금은요. 오늘 아침에 일어났을 때만 해도 내가 누구인지 알고 있었는데, 그때 이후로 여러 번 바뀐 것 같아요." "그게 도대체 무슨 말이지? 알아듣게 설명을 해!" 쐐

기벌레가 엄하게 말했다. "설명할 수가 없어요, 죄송해요. 하지만 아시다시피, 나는 내가 아닌걸요."

선생님 좀 뛰어넘을까. 음… 보자, 그다음에 앨리스가 뭐라고 말하지?

영민

"나도 내 자신을 이해할 수가 없어요. 하루 사이에 몇 번이나 다른 크기로 변하는 건 무척 혼란스럽거든요."

선생님 거기까지 읽을까? 어때, 이제 앨리스랑 영민이 너랑 비슷한 고민을 하는 것 같니? 물론 영민이가 앨리스처럼 몸이 커지거나 작아지거나 하진 않지만, 취미도 변하고 장래 희망도 변할 수 있는데 이런 것들이 변하면 나는 다른 사람이 되는 건가, 하는 고민이 있잖아. 방금 읽은 부분에서 앨리스도 자기 모습이 변하니까 그렇게 변한 나는 누구인지 고민하고 있고.

영민 그러네요. 비슷한 것 같아요.

선생님 이번엔 영민이 네 얘기를 해 보자. 영민이는 다섯 살 때 생각나니?

영민 다섯 살요? 그때는 유치원 다니고 있을 때예요.

선생님 유치원 다니던 다섯 살 영민이는 지금 네 모습이랑 같니?

영민 에이, 키랑 몸무게 차이가 얼마나 많이 나는데 당연히 다르죠.

선생님 그렇겠지. 얼굴 모습은?

영민 그때 사진을 보면 지금 모습이랑 많이 바뀐 것 같기도 하고 또 닮은 구석도 있어요. 아, 제 핸드폰에 어렸을 때 사진이 있는데, 한번 보실래요?

선생님 그래? 나도 좀 볼까? 그렇구나, 지금 영민이랑 닮은 것 같기도 하고 어떻게 보면 많이 달라진 것 같기도 하네. 그런데 영민이는 다섯 살 때랑 지금이랑 달라졌는데, 왜 다섯 살 때 영민이랑 같은 사람이라고 생각하지?

영민 네? 그게 무슨 말씀이세요? 같은 사람이니까 같은 사람이죠.

선생님 그럼 이렇게 물어볼까? 영민이가 나중에 할아버지가 되었다고 생각해 보자. 그때는 다섯 살 때와 지금의 너랑 비교하는 것과는 차원이 다르게 달라져 있겠지. 다

섯 살 때와 지금은 10년 정도 차이가 나지만 할아버지
가 되었을 때는 지금보다 60년 정도 차이가 날 테니까.
영민이가 할아버지가 되었을 때는 어쩌면 지금의 모습
을 찾아볼 수 없을 정도로 많이 달라질지도 몰라.

영민 그거야 당연하겠죠. 우리 할아버지 젊을 때 사진을 봤
는데요, 지금 할아버지 모습과 너무 다르더라고요. 오
히려 젊었을 때 할아버지는 지금 우리 아빠랑 더 닮은
것 같아요.

선생님 그래, 그럴 수 있을 거야. 근데 조금 이상하지 않아? 젊
었을 때 할아버지는 지금 영민이 아빠랑 더 닮았는데
같은 사람이라고 하지 않잖아. 지금의 영민이는 60년
이 지나 할아버지가 되었을 때도 영민이겠지, 아니 할
아버지 영민이겠지?

영민 그렇겠죠.

선생님 그럼 겉모습은 그렇게 달라졌는데 왜 영민이는 같은 사
람이라고 생각하지?

영민 그거야 같은 사람이니까 같은 사람이죠.

선생님 그래. 겉모습은 계속 달라져도 변하지 않는 뭔가가 있
기 때문에 그게 아마 영민이 너라고 생각하는 걸 거야,

그렇지? 그럼 그 변하지 않는 게 뭘까? 그걸 찾으면 그게 '나'라고 다른 사람들에게 소개할 수 있지 않을까? 이 문제를 철학자들은 어려운 말로 '자기동일성' 문제라고 해.

영민 자기동일성 문제요? 말이 너무 어려워요.

선생님 좀 어렵지? 쉽게 이야기하면, 내 겉모습도 변하고 생각도 계속 변하는데 왜 우리는 어릴 때와 지금의 내가 같은 나라고 생각하고 왜 지금의 내가 60년 후의 할아버지인 나와 같은 사람이라고 생각하는 걸까, 라는 문제야.

영민 제가 선생님을 찾아오게 된 고민하고 같은 문제네요. 자기소개를 해야 하는데, 취미도 변하고 장래 희망도 변하니까 나에 대해서 뭘 소개해야 하는지 잘 모르는 상황이요. 그럼 제가 고민하는 문제도 자기동일성 문제인 건가요?

선생님 꼭 그렇지는 않아. 영민이가 고민하는 것은 '나'라고 이야기할 수 있는 게 뭘까, 라는 문제고 자기동일성 문제는 내가 있다면 나는 변하는 걸까 변하지 않는 걸까 하는 문제야. 그런데 이 자기동일성 이야기를 하다 보면 영민이가 궁금해하는 문제인 나는 누구일까에 대한 답을 찾을 수 있지 않을까? 변하는 것과 변하지 않는 것을 나누다 보면 변하지 않는 '나'를 찾을 수 있겠지. 혹시 '테세우스의 배'라고 들어 봤니?

영민 테세우스의 배요? 테세우스는 아는데, 테세우스의 배는 처음 들어요.

선생님 영민이가 그리스 신화를 읽었구나.

영민 그럼요, 제가 이래 봬도 어릴 때 만화로 된 그리스 신화를 많이 읽었거든요. 반은 인간이고 반은 소인가, 암튼, 그 괴물을 죽인 사람이잖아요.

선생님 그래, 맞아, 그 괴물 이름이 미노타우로스지.

영민 그런데 테세우스의 배는 뭐예요?

선생님 말 그대로 테세우스가 타고 온 배야. 미노타우로스는 아테네 시민들이 바친 젊은이들을 잡아먹었는데, 그런 미노타우로스를 테세우스가 죽이고 다시 돌아왔으니 아테네 사람들이 많이 기뻤겠지? 그래서 아테네 사람들이 테세우스가 타고 온 배를 항구에 놓고 기념하기 시작했어. 그런데 시간이 지날수록 배가 아무래도 낡게 되겠지. 그래서 조금씩 같은 재료를 써서 같은 모양으

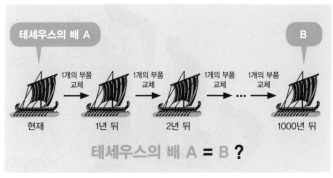

조금씩 수리를 해서 처음과 다른 자재로 완성된 새로운 배가 처음과 같은 배일까?

로 수리를 시작했어. 그림으로 설명해 볼게. 1년이 지나니까 이 부분이 낡은 거야. 그래서 이 부분을 똑같은 재료로 보수했어. 그다음 해에는 이 부분이 낡아서 또 교체하고… 이런 식으로 전부 교체한 거야. 그렇다면 이렇게 모든 부분을 다 똑같이 교체한 테세우스의 배는 원래 테세우스가 타고 온 배와 같은 배라고 할 수 있을까?

영민 음… 잘 모르겠어요. 그래도 같은 배라고 할 수 있지 않을까요?

선생님 그래? 왜 그렇게 생각하는지 궁금한데?

영민 그냥 느낌적인 느낌이랄까요. 하하.

선생님 프랑스 파리에 있는 노트르담 대성당이 불탄 거 알고
있지?

영민 네, 뉴스에서 봤어요.

선생님 그래, 너무 충격적인 장면이었지. 나는 불타기 전의 성
당 모습을 봤지만 이제 영민이는 원래 모습을 못 본다
고 생각하니 좀 안타깝네.

영민 근데 나중에 수리하면 저도 선생님이 봤던 그 성당과
똑같은 성당을 볼 수 있지 않을까요?

선생님 그래, 방금 영민이가 이야기한 것이 우리가 지금 이야

진짜 김영민은 어디 있지?

기하고 있는 것과 관련이 있어.

영민   진짜요? 노트르담 대성당이 불탄 거랑 우리 이야기랑 무슨 관계가 있어요?

선생님   노트르담 대성당이 다 탄 건 아니지만 그래도 불에 타서 첨탑이 없어졌으니 다시 복원해야겠지. 그런데 만약 이 첨탑을 똑같이 복원하면 원래 노트르담 대성당과 같은 성당이라고 할 수 있을까?

영민   이제 알겠어요. 노트르담 대성당은 테세우스 배 문제와 비슷하네요.

선생님 그래, 영민이가 이제 철학자가 다 됐네. 아주 칭찬해.

영민 뭐, 이 정도 가지고요.

선생님 노트르담 대성당 이야기를 하니 생각나는 게 있는데, 몇 년 전에 우리나라 남대문에도 불이 났어.

영민 맞아요, 남대문 지나갈 때 아빠가 말해 준 적이 있어요. 지금 남대문은 그때 불탄 부분을 똑같이 만들어 놓은 거라고요.

선생님 맞아. 역시 노트르담 대성당이나 테세우스의 배 문제와 비슷하겠지? 지금 새롭게 만든 남대문은 원래 남대문과 같은 남대문인지 그렇지 않은지의 문제니까.

영민 그렇게 연결하니 남대문이 새롭게 느껴져요. 남대문을 지나갈 때마다 오늘 이야기가 생각날 것 같아요. 아빠한테 같은 남대문인지 아닌지 퀴즈도 낼 거예요!

선생님 그래, 친구들한테도 한번 물어봐. 근데 테세우스의 배 이야기가 우리가 아까 했던 이야기랑 비슷한 것 같지 않아? 즉 어릴 때의 나의 모습, 아니면 미래의 나의 모습이 지금과 다른데도 왜 같은 나라고 생각하는 걸까 하는 문제 말이야. 물론 테세우스의 배는 겉모습이 계속 바뀌는 것은 아니고 똑같은 모양으로 바뀌는데도 불구하고 그렇게 수리한 배가 원래 테세우스가 타고 온 배와 같은 배일까 고민하잖아. 그렇다면 나의 모습이 계속 바뀐다면 같은 나라고 이야기하는 게 뭔가 좀 이상하긴 하지.

영민 테세우스의 배 이야기를 들으니 더 헷갈리는 것 같아요. 그래서 자기소개를 할 때 그럼 나는 뭐라고 소개할 수 있는 건가요.

선생님 아, 미안, 내가 더 헷갈리게 했나 보네.

영민 선생님, 제가 점심시간이 다 되어서 돌아가야 해요.

선생님 어, 시간이 벌써 그렇게 되었구나. 본격적인 이야기는 다음에 더 해야겠는데. 그럼 다음에 올 때까지 테세우스의 배 문제를 조금 더 고민해 보는 것도 좋을 것 같은데?

영민 네, 알겠습니다, 그럼 내일 점심시간에 올게요.

선생님 그럴래? 선생님도 기다리고 있을게.

영민 안녕히 계세요, 선생님.

2

이
모든 게
꿈이라고?

영민 선생님, 안녕하세요.

선생님 어서 와. 여기 앉아. 점심은 먹었어?

영민 네, 먹었어요.

선생님 이거 녹차인데 마셔. 어제 나만 커피 마시니까 미안하더라.

영민 감사합니다, 선생님. 잘 마실게요.

선생님 그래, 테세우스의 배 문제는 생각해 봤니?

영민 생각은 해 봤는데 여전히 잘 모르겠어요.

선생님 그래, 쉽게 결정될 일은 아니지. 그랬다면 이 문제가 이렇게나 오래 고민거리로 남진 않았을 거야.

영민 선생님, 지난번에 본격적으로 이야기를 해 보자고 하셨잖아요. 그럼 지금까지 한 이야기는 본격적인 이야기가 아니었어요? 저는 지금까지 나눈 이야기도 좀 어려웠는데….

선생님 너무 겁먹을 필요는 없어. 내가 본격적이라고 말한 것은 이제 철학자 이야기를 한번 해 보자는 의미였어.

영민 철학자는 너무 어려운 이야기를 하는데 제가 이해할 수 있을까요?

선생님 철학을 너무 어렵게만 생각할 건 없어. 철학자들도 우리가 지금 고민하는 문제를 고민했던 사람이니까 오히려 우리 고민을 더 잘 해결해 줄 수 있을 거야. 또 선생님이 도와줄게.

영민 네, 그럼 선생님만 믿을게요.

선생님 아니, 그렇다고 너무 나만 믿지는 말고. 철학자 데카르트를 아니?

영민 이름은 들어 봤죠.

선생님 그래, 아주 유명한 철학자이지. 데카르트(Descartes)는 성이고 이름은 르네(René)야, 르네 데카르트. 프랑스 사람이지. 오늘은 이 사람 이야기를 좀 해 볼까 해. 혹시 이 철학자가 한 유명한 이야기도 알고 있니? 선생님이 힌트를 줄게. "나는 ○○한다, 그러므로 ○○한다." 자, 돌발 퀴즈 들어갑니다, ○○에 들어갈 말은?

영민 선생님, 제 수준을 너무 높게 보시는 것 같아요, 제가 그걸 알 리가 없잖아요.

선생님 너무 쉽게 포기하는 거 아냐? "나는 생각한다, 그러므로 존재한다." 들어 봤을걸.

영민 그러고 보니 어릴 때 봤던 핸드폰 광고에서 그런 비슷한 말이 나왔던 것도 같고요.

선생님 그래, 이 말을 패러디한 광고도 많았지. "나는 생각한다, 그러므로 존재한다."에서 데카르트가 '나'라는 말을 썼지? 그러니까 우리가 궁금한 이야기에 어느 정도 답을 줄 수 있을 것 같아. 실제로 데카르트도 영민이처럼 '나'에 대해서 궁금해했어. 다른 사람한테 소개할 '나'가 뭘까, 그런 고민 말이야.

영민 오, 진짜요? 믿기지가 않아요. 데카르트처럼 유명한 철학자도 저와 같은 고민을 했다니 왠지 뿌듯한걸요.

선생님 그래, 철학이라고 하면 왠지 어렵게 느껴지지만 아까도 말했듯이, 우리가 평소에 고민하는 문제들을 고민했던 사람들이 철학자들이야. 그러니까 철학에 대해서 어렵게 생각할 필요가 없어.

영민 근데 데카르트는 왜 그런 고민을 했을까요?

선생님 그 부분이 좀 길지만 한번 들어 봐. 물론 데카르트가 영민이처럼 자기소개를 위해서 그걸 고민했던 것은 아니겠지.

영민 그렇겠죠, 데카르트는 옛날 사람이니까 저처럼 학교에서 자기소개를 할 일은 없었겠죠.

선생님 데카르트가 옛날 사람이긴 하지. 그나저나 데카르트는 언제 살았던 사람일까?

영민 옛~날 사람이요!

선생님 옛~날 사람인데, 옛~날 언제? 너 데카르트는 잘 몰라도 햄릿은 알지?

영민 "사느냐 죽느냐, 그것이 문제로다." 맞죠?

선생님 오, 우리 영민이 엄청 똑똑하네. 근데 데카르트가 햄릿보다는 어려.

영민 햄릿이 몇 살인데요? 어, 근데 햄릿은 연극의 주인공이니까 진짜 살았던 사람이 아니잖아요?

선생님 그래, 맞아. 햄릿이 진짜 살았던 사람이라고 치면 데카르트는 햄릿보다 나중 사람이라는 거야. 《햄릿》이 쓰였을 때가 1600년 정도인데, 데카르트가 그 유명한 말을 한 것은 그보다 조금 뒤거든.

영민 그런데 갑자기 햄릿은 왜요?

선생님 내가 깜짝 퀴즈를 내느라 정말 중요한 이야기를 안 했네. 아까 영민이가 햄릿은 "사느냐 죽느냐, 그것이 문제로다"라는 대사로 유명하다고 말했잖아. 어떤 맥락에서 그런 말을 했는지 기억나니?

영민 그럼요. 《햄릿》은 학원에서 엄청 열심히 읽었거든요.

아버지 복수를 하려다가 망설이면서 한 대사잖아요. 저도 그 정도는 알고 있다고요.

선생님 그래, 맞아. 그 대사에서도 알 수 있는 것처럼, 햄릿은 결단력이 없는 인물이야. 그런데 그건 단순히 햄릿의 성격만이 아니라 햄릿이 살던 시대의 분위기를 보여 주는 것이기도 해.

영민 그런 이야기는 처음 듣는걸요.

선생님 차근차근 얘기해 보자. 학교에서 '천동설'에 대해서 배웠지?

영민 네, 지구가 태양을 도는 것이 아니라 태양이 지구를 돌고 있다는 주장이잖아요.

선생님 옛날 사람들은 천 년 이상을 그렇게 믿었어. 그런데 햄릿이 살던 시대에 과학이 발전하면서 태양이 지구를 도는 것이 아니라 지구가 태양을 돈다는 주장이 등장해.

영민 그걸 '지동설'이라고 부르죠.

선생님 딩동댕. 그런데 영민이도 그런 적이 있겠지만, 오랫동안 그렇다고 믿었는데 그렇지 않다는 것이 밝혀지면 어떤 기분이 들겠어? 뭐가 진짜인지 혼란스럽겠지?

영민 음… 초등학교 때 엄청 친한 친구가 있었어요. 그래서 저는 베프라고 생각했는데, 그 친구는 다른 친구와 베프라는 말을 듣고 충격을 받은 적이 있어요.

선생님 엄청 혼란스러웠겠다. 그 기분을 생각하면 이해하기가 쉬울 거야. 그 당시 사람들도 그랬어. 오랫동안 진짜라고 생각했던 것이 그렇지 않을 수도 있다고 하니 충격이 얼마나 컸겠어. 그것뿐만이 아니야. 우리는 요즘 교회와 성당이 다르다고 생각하잖아.

영민 성당에 나가는 사람은 천주교인이고 교회에 나가는 사람은 기독교인이라고 하죠.

선생님 그런데 모두가 똑같이 하나님을 믿고 있지. 사실 이 두 종교는 하나의 종교였어. 이렇게 하나의 종교가 나뉘게 된 시기도 햄릿이 살던 시대야. 그때 사람들은 오랫동안 하나의 종교를 믿고 있었는데, 갑자기 그 종교가 두 개로 나뉘어 다른 종교가 되어 버린 거야. 천동설이 틀릴 수 있다는 생각보다 더 충격적이었겠지. 한마디로 그 시대 사람들은 멘붕에 빠졌어.

영민 그게 햄릿과 무슨 상관이에요?

선생님 햄릿이 결단력이 없는 인물로 표현될 수밖에 없었던 것은 이런 시대적 상황과 연관돼 있다는 걸 알아 둘 필요가 있다는 말이야. 이제 다시 데카르트로 돌아가 볼까? 데카르트가 살던 시대도 마찬가지로 확실한 게 없었어. 그래서 데카르트는 자기가 뭘 확실히 알고 있는지 알기 위해서 모든 것을 의심해 보기 시작했지. 그래서 뭐까지 의심하기 시작했냐면 자기 자신의 존재, 아, 존재라는 말이 너무 어렵나? 그러니까 자기 자신이 있다는 사실까지도 의심하기 시작한 거야.

영민 존재라는 말 정도는 알아요. 근데 어떻게 자기 자신이 있다는 사실을 의심할 수 있죠? 데카르트는 철학자가 아니라 바보 아닌가요?

선생님 좀 이상하게 들리긴 하지? 그럼 더 이상한 이야기를 해 볼까? 영민이는 지금 나랑 이야기하고 있는 이 순간이 꿈이 아니라는 걸 어떻게 아니?

영민 네?

선생님 좀 뜬금없긴 하겠지만, 이 순간이 꿈인지 꿈이 아닌지 어떻게 알 수 있을까?

영민 그야 제 볼을 꼬집어 보면 되지 않을까요? 아프면 꿈이 아니잖아요.

선생님 그게 제일 쉬운 방법이지. 그런데 영민이 네가 지금 이

순간이 꿈인지 꿈이 아닌지 볼을 꼬집어 보는 그런 꿈을 꿀 수도 있지 않을까?

영민 아, 너무 복잡해요. 근데 이게 꿈인지 꿈이 아닌지는 왜 물어보셨어요?

선생님 그게 데카르트가 고민한 문제거든.

영민 네? 데카르트는 자기가 존재하는지 아닌지 고민했다면서요. 꿈 이야기가 자기 존재와 무슨 상관이 있어요?

선생님 오늘 영민이가 내 이야기를 잘 따라오고 있구나, 아주 기특한데? 우리가 지금 꿈을 꾸고 있지 않다는 걸 확신하지 못하면 우리가 알고 있는 것들이 많이 의심스러워지지. 예를 들면, 영민이 네가 앉아 있는 의자도 이게 꿈이라면 존재하지 않는 게 될 거야. 또 지금 우리가 기대고 있는 이 책상도 마찬가지고. 이 학교도 마찬가지겠지. 이 모든 게 꿈이라면 이런 것들이 다 가짜니까.

영민 선생님, 잠깐만요. 꿈에서도 의자나 책상은 있잖아요.

선생님 그건 꿈에서만 있는 거니까 실제로 있는 거라고 할 수 없지. 꿈에서 용을 봤다고 용이 존재하는 건 아니니까. 그런데 만약 이게 꿈이라면 영민이 너도 존재하지 않는다고 할 수 있어. 특히 너의 몸은 꿈에서만 존재하는 걸 거야.

영민 글쎄요, 지금 이게 꿈이라면 왜 내 몸도 존재하지 않는 거예요?

선생님 책상하고 의자의 경우와 마찬가지겠지. 이게 꿈이라면 내 몸이 있는 것처럼 보이지만 그냥 꿈에서만 있는 거니까 사실은 없다고 할 수 있겠지. 그래서 결국 데카르트는 자기 자신의 존재까지 의심하게 된 거야.

영민 아, 조금 알 것 같아요. 이게 꿈이라면 나는 존재하지 않는다는 거네요. 하지만 내가 존재하지 않으면 꿈은 누가 꾸나요?

선생님 오늘 영민이가 컨디션이 좋구나, 너무 좋은 질문이야. 그런데 영민이 너 수업 들어갈 시간 같은데? 대신 숙제를 하나 내줄게.

영민 숙제라고요? 오늘 철학 공부까지 했는데 숙제까지 내주시다니 너무하세요.

선생님 아, 미안. 어려운 건 아니고, 오늘 우리가 이야기한 것을 다시 한 번 고민해 보는 게 숙제야. 오늘 나랑 이야기한 것이 정말 꿈이 아닌지 확실하게 알 수 있는 방법을 생각해 볼래?

영민   네, 약속은 못 하겠지만 그래도 한번 해 볼게요.

선생님 그래, 그럼 우리는 또 보자.

3

몸이라는 옷을
갈아입는
정신이라는 아이

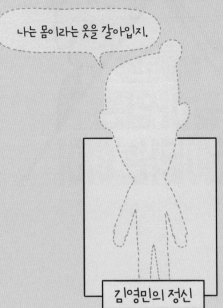

영민 선생님, 잘 지내셨어요?

선생님 어서 와. 오늘은 친구도 같이 왔네?

영민 제가 선생님하고 나눈 이야기를 들려주니 자기도 같이 이야기하고 싶다고 해서요. 얘는 최다빈이에요.

선생님 다빈이 알지. 다빈이도 선생님 수업 한 번 들었지?

다빈 네, 영민이가 선생님하고 하는 이야기가 너무 재밌다고 하길래 따라왔어요. 괜찮죠?

선생님 물론이지. 그런데 영민이랑 지금까지 이야기해 온 게 있어서 다빈이가 따라갈 수 있을지 모르겠네.

다빈 괜찮아요. 영민이한테 대충 들었어요.

선생님 다행이다. 그건 그렇고 영민아, 숙제 검사부터 해 볼까?

영민 그게요… 숙제를 하긴 했는데, 여전히 잘 모르겠어요. 너무 어렵기도 하고요.

선생님 다빈이는 영민이한테 들었니? 꿈 이야기 말이야.

다빈 안 그래도 영민이가 지난번에 신나서 저한테 이야기하더라고요.

선생님 툴툴거리더니 그래도 철학에 관심이 있었나 보네. 알고 보니 영민이 츤데레였구나.

영민 저 툴툴거리지 않았어요.

선생님 봐, 그게 툴툴거리는 거지. 다빈이는 좋은 생각이 있어?

다빈 꿈에서는 영화에서처럼 막 날아다니기도 하고, 나쁜 사람들한테 쫓기다가 절벽에서 떨어졌는데 안 죽고 다시 살기도 하는데, 현실에서는 그렇지 않잖아요. 그러니까 현실은 현실 같고 꿈은 꿈 같은 거 아닐까요.

선생님 좋은 지적이야. 꿈에서는 환상 같은 일이 일어나지만 현실에서는 그렇지 않다는 거지?

다빈 네, 맞아요.

선생님 그런데 말이야, 다빈이는 정말 현실 같은 꿈 꾼 적 없니? 예를 들면 학교에 늦은 줄 알고 깜짝 놀랐는데 알고 보니 너무 생생한 꿈이었다던지. 나도 옛날에 군대 제대하고 나서 휴가 나왔다가 다시 부대에 복귀하지 않는 꿈을 꾼 적이 있거든. 너무 생생하지 뭐야.

다빈 저도 진짜 생생한 꿈을 꾼 적이 많아요.

선생님 꿈이라도 환상 같은 일만 생기지 않고 현실 같은 꿈을 꿀 수도 있잖아. 그렇다면 지금이 그런 현실 같은 생생한 꿈이 아니라고 확신할 수 있을까?

다빈 그러네요….

선생님 내가 너무 어려운 숙제를 내줬지? 그래도 시도한 건 칭찬받을 만해. 그나저나 우리는 지난번에 어디까지 이야기했지?

영민 이게 꿈이라면 나도 존재하지 않는다는 것까지요. 제가 그때 내가 존재하지 않으면 꿈은 누가 꾸는지 여쭤봤는데, 선생님이 대답하지 않으셨어요.

선생님 아, 그랬나? 이제 영민이가 더 잘 아네. 그럼 오늘은 그 이야기부터 해 볼까. 내가 존재하지 않는다면 그 꿈은 누가 꾸는 걸까, 물론 그 꿈은 '나'가 꾸는 것일 거야.

영민 뭐예요, 선생님! 이 순간이 다 꿈이라면 '나'도 없다고 하셨잖아요!

선생님 맞아, 이게 다 꿈이면 '나'가 없겠지만 지난번에 이야기한 것처럼 그 '나'는 내 몸을 말하는 거야. 꿈에서 책상이나 건물이 나온다고 해서 그게 실제로 있는 것은 아닌 것처럼. 그러니까 꿈을 꾸는 사람이 있다면 몸을 가진 나가 아니라 바로 몸이 없는 나야.

다빈 흠, 이해가 잘 안 돼요. 내가 어떻게 몸이 없을 수가 있어요?

선생님 그럼 이렇게 생각해 보면 어떨까? 다빈이는 몸은 없지만 정신만 있는 존재라고 말이야. 일종의 영혼 같은 존재겠지.

다빈 제가 만약 정신이라면 몸은 없을 수도 있겠네요. 그렇지만 상상이 잘 안 돼요.

선생님 그래, 상상하는 게 쉽지는 않을 거야. 하지만 데카르트는 이게 다 꿈이더라도 정신(데카르트라면 영혼이라고도 불렀을 존재)은 있다고 생각했어. 그래서 그 영혼 같은 존재가 꿈을 꾸는 거고. 그런데 꿈을 꿀 수 있다는 것은 넓게 이야기하자면 생각할 수 있다는 거잖아. 그래서 데카르트가 "나는 생각한다, 그러므로 존재한다."라고 말했던 거야. 쉽게 이야기하자면, "나는 꿈을 꾸고 있다, 그러므로 존재한다." 정도가 되겠지. 꿈을 꾸려면 꿈꾸는 누군가는 있어야 하고 그게 '나'라는 게 데카르트의 생각이야.

다빈 꿈을 꾸려면 꿈꾸는 누군가가 있어야 한다, 그 누군가가 바로 나다, 이런 거군요. 하지만 꿈꾸는 사람이 꼭 나여야만 하나요? 꿈꾸는 사람이 다른 사람일 수도 있잖아요.

선생님 오, 다빈이가 아주 중요한 질문을 했네. 조금 걱정하고
있었는데 다빈이도 잘 이해하고 있구나. 만약 이게 꿈
이라면 책상이나 학교, 내 몸이 없는 것처럼 다른 사람
도 없다고 할 수 있으니까 꿈을 꿀 수 있는 사람은 '나'

밖에 없을 거야.

다빈 모든 게 꿈이라면 나 말고 다른 사람도 꿈속의 존재니까 꿈을 꿀 수 있는 사람은 나밖에 없다? 오, 신기하게도 이해가 가요.

선생님 너희들 말로 신박하지?

영민 그럼 데카르트한테 '나'는 영혼인 거예요? 그럼 친구들한테 자기소개 할 때도 "친구들아 내 소개를 할게, 나는 영혼이야."라고 이야기해야 되겠네요.

선생님 하하, 그게 그렇게 되나. "나는 영혼이야."보다는 "나는 정신이야."가 더 자연스러운 표현일 것 같긴 해. 이상하게 들릴지 모르겠지만 데카르트는 그렇게 이야기했을 것 같아.

우리 다시 처음 이야기로 돌아가 보자. 영민이는 자기 소개할 때 다른 사람한테 소개할 '내'가 누군지 궁금해 했잖아. 그런데 우리 몸은 계속 바뀌니까 나라고 이야기하기가 좀 힘들었고. 그렇다고 취미나 좋아하는 음식은 나 말고 다른 사람도 좋아하는 사람이 많을 테니 그것도 나라고 이야기하기가 그렇고. 또 장래 희망도 나를 잘 소개하지 못하는 것 같았어. 그럼 이제 남아 있는 건 정신뿐이지. 영민이가 어릴 때랑 지금이랑, 그리고 할아버지가 되었을 때의 모습도 다 다르지만 "나는 김영민이야."라고 말할 수 있는 것은 정신이 변하지 않기 때문이야. 즉 정신이 몸이라는 옷을 입고 있는데, 옷을 갈아입을 수는 있지만 그 옷을 입는 사람은 변하지 않는 것과 같은 이치지.

영민 '몸이라는 옷을 갈아입는 정신'이라는 표현이 머리에 쏙 들어오는걸요. 선생님 짱이에요! 그런데 데카르트의 생각은 테세우스의 배와는 어떤 관련이 있을까요?

선생님 오, 좋은 질문이야! 다빈이도 테세우스의 배 이야기를 들었니?

다빈 네, 영민이한테 들었어요.

선생님 테세우스의 배는 사람처럼 영혼이나 정신이 없겠지. 그럼 겉모습이 바뀌면 그 안의 것들도 변하니 수리한 배는 원래 테세우스의 배와 같은 배라고 말하기 어려울 거야. 하지만 인간은 테세우스의 배와 달리 정신이 있으니까 겉모습이 바뀌어도 같은 나라고 할 수 있겠지. 그러니 사람의 경우와 테세우스의 배의 경우는 조금 다르다고 할 수 있어.

영민 　배는 갈아입을 몸은 있는데 정신이라고 할 만한 게 없다는 거네요. 음, 그래도 한 가지가 여전히 아리송해요. 내가 정신이라고 하더라도 계속 변하지 않나요? 예를 들어 내가 지금은 선생님과 철학에 대해서 생각해 보고 있지만, 친구들과 함께 있으면 웹툰에 대해서도 생각하게 되고, 유튜브에서 좋아하는 가수를 보면 또 그 생각을 하게 되잖아요.

다빈 　그건 생각이 바뀌는 거지, 정신이 바뀌는 거는 아니지 않아?

선생님 　다빈이가 잘 잡아냈어. 영민이 질문도 좋고. 내가 가장 중요한 걸 설명을 안 해서 헷갈리게 했네. 데카르트가 말하는 영혼 혹은 정신이라는 게 뭘까?

영민 　아까 선생님께서 생각이라고 하셨잖아요.

선생님 　맞다, 선생님이 너무 정신이 없네.

영민 　정신이 없으면 존재도 없는 거 아닌가요?

선생님 　아이고, 내가 한 방 먹었네. 하지만 오해하면 안 되는 게 '정신=생각'이 아니라 정신의 유일한 활동이 생각이라는 점이야. 엄격하게 둘은 다른 거지. 철학적이고 어려운 주제만 생각이 아니고 먹고 싶다, 자고 싶다 하는 일련의 욕구가 모두 생각이야. 그러니 생각은 몸처럼 계속 변하지. 어떻게 보면 생각이 몸보다 더 자주 바뀐다고 할 수 있어. 몸이야 순간순간 바뀌지 않지만 생각은 너무 자주 바뀌잖아. 이 생각했다가 금방 다른 생각을 하고 있고.

영민 맞아요, 사실 방금도 저는 딴생각했어요. 오늘 저녁은 햄버거를 먹고 싶다는 생각요.

선생님 영민이 너 선생님 놀리면 혼난다.

영민 그냥 농담이었어요, 선생님.

선생님 그래, 다시 데카르트 이야기를 하자면 데카르트도 생각이 계속 바뀐다는 것은 알고 있었겠지?

영민 그렇겠죠, 데카르트도 바보가 아닌데 그 정도는 알고 있지 않았을까요?

선생님 그럼 왜 변하지 않는 '나'가 있다면 바로 '정신'이라고 했을까?

영민 글쎄요, 그건 선생님께서 알려 주셔야….

선생님 데카르트는 이렇게 생각했을 거야. 예를 하나 들어 볼까? 영민이 몸무게가 몇이지?

영민 60킬로그램이요.

선생님 60킬로그램이라는 몸무게가 혼자 있을 수 있을까?

다빈 네? 그게 무슨 말이에요? 이해를 못하겠어요.

선생님 내 질문이 구체적이지 않았지? 그럼 이렇게 물어보자. 영민이의 몸무게 60킬로그램은 혼자 존재할 수 없고 항상 영민이의 몸무게로만 존재하겠지. 선생님이 보니까 영민이의 키가 160센티미터 정도 되는 것 같은데 키도 마찬가지야. 영민이의 키가 160센티미터라면 이 키는 항상 영민이한테 속하는 거지, 160센티미터라는 것이 혼자 세상에 둥둥 떠다니지는 않을 테니까.

다빈 제가 잘 이해했는지 모르겠는데, 키와 몸무게는 항상 어떤 사람의 키와 몸무게라는 말씀이시죠?

선생님 맞았어!

영민 갑자기 키와 몸무게는 왜 물어보셨어요?

선생님 데카르트는 생각도 마찬가지라고 생각한 거야. 우리의 생각이 계속 바뀌지만 '나'라고 할 수 있는 이유는 우리가 하는 구체적인 생각은 계속 변해도 그 생각은 나의 정신에 속기 때문이지.

영민 선생님, 그래도 이해가 안 돼요. 오늘 저는 철학이 잘 안 되는 날인가 봐요.

선생님 다른 예를 들어 볼게. 영민이가 아까 오늘 저녁은 햄버 거가 먹고 싶다는 생각을 했다고 했지. 그런데 그 생각 은 혼자 할 수 있는 게 아니잖아. 그 생각의 주인이 있 겠지? 그게 바로 영민이의 정신이라는 것이 데카르트 의 생각이야. 그리고 "오늘은 철학이 잘 안 되는 날이 네."라는 생각도 햄버거 생각과 다른 생각이긴 하지만 주인은 바로 영민이의 정신이야. 이제 좀 이해가 되니?

영민 네, 아까보다 훨씬 잘 이해가 되는 것 같아요. 그러니 까 내가 이런저런 생각을 많이 하지만 그 생각은 혼자 떠오를 수는 없으니까 그 생각을 하는 누군가가 있어야 한다는 거잖아요. 그게 바로 정신, 즉 김영민의 정신이 라는 거죠?

선생님 그렇지! 그러니까 데카르트는 우리의 생각은 바뀌더라 도 그 생각의 주인은 한 사람이니까 '나'는 변하지 않는 다는 거야. '나'는 변하지 않는 거니까 데카르트는 자기 소개를 해 보라고 하면 정신이라고 소개하겠지. 아, 맞 다. 우리가 지난번에 《이상한 나라의 앨리스》 이야기한 거 기억나?

영민 네, 제가 처음 왔을 때 한 이야기잖아요.

선생님 그래, 같이 책도 읽었지. 그리고 쐐기벌레, 아니 애벌레 이야기도 했고.

영민 선생님, 저도 이제 쐐기벌레 알아요. 인터넷에서 찾아 봤어요. 쐐기나방의 애벌레라고 하던데요.

선생님 아이고, 영민이가 생각보다 호기심이 많구나.

영민 생각보다가 아니라 저 원래 호기심 많아요, 선생님.

선생님 철학이 안 되는 날이라고 까칠하네 오늘. 암튼 그때 애벌레랑 앨리스가 이야기하는 장면 기억나지?

영민 애벌레가 앨리스한테 "너 누구냐?"라고 물으니까, 앨리스가 크기가 변해서 내가 누군지 잘 모르겠다고 답했죠. 집에 가서 그 책 다시 읽어 봤는데, 앨리스가 나는 내가 아니야, 뭐 그런 말을 하더라고요.

선생님 근데 앨리스가 애벌레한테도 물어보잖아. 다빈이도 왔으니까 책을 보고 이야기할까. 보자, 지난번에 내가 어디다 뒀더라. 어, 여기 있네. 그 부분이⋯ 찾았다. 다빈이가 여기 한번 읽어 볼래? 앨리스가 애벌레에게 하는 말이야.

다빈 네, 그럴게요.

"하지만 당신도 언젠가는 번데기로 변할 수밖에 없어요. 그 뒤에 다시 나비로 변하겠죠. 그때가 되면 당신 역시 그렇게 변하는 것이 조금 기묘하게 느껴질 거예요. 그렇죠?" 앨리스가 주장했다. "천만에." 쐐기벌레가 말했다.

선생님 어때? 애벌레는 자기가 애벌레가 되었다가, 번데기가 되었다가, 또 나비로 변한다고 하더라도 이상하게 생각하지 않지? 아마도 그 변화가 다 그 애벌레, 음, 이름을 '애벌'이라고 해 볼까? 그 '애벌'에게 일어나는 일이니까 그 변화의 주인이 있다는 거겠지.

다빈 선생님, 만약에 우리 몸이든 정신이든 계속 바뀌는 거라면 변하지 않는 그런 나는 없는 거 아닌가요? 왜 꼭 나라는 게 있다고 생각해야 되는지 모르겠어요. 그냥 나는 순간순간 바뀌는 거라고 하면 속 편할 것 같아요.

선생님 그것도 좋은 생각이야. 다빈이가 생각하는 걸 조금 더 이야기해 줄래?

다빈 애벌이도 애벌레일 때랑, 번데기일 때랑, 나비일 때랑 그냥 다른 사람, 아니 다른 존재가 되는 거 아닌가요?

애벌레는 애벌레고, 번데기는 번데기고, 나비는 나비니까. 그런 변화에 주인이 있다고 생각하는 게 더 이상한 것 같아요.

선생님 영민이만 대단한 게 아니라 다빈이도 대단한데? 그렇게 생각한 철학자도 있었어. 흄이라는 철학자야. '나'라는 존재는 변하지 않는 정신이 아니라 '나'는 사실 매 순간 변하는 존재에 불과하다고 이야기했어.

다빈 정말요? 저처럼 생각한 철학자가 있었다는 게 신기한데요.

선생님 지난번에 영민이한테도 이야기했지만, 철학자들이 한 이야기가 우리와 상관없는 게 아니야. 철학자 역시 우리가 고민하는 것을 고민한 사람이니까 이렇게 세월이 흘러도 사람들이 관심을 가지는 거겠지.

다빈 저도 영민이랑 이야기하면서 그게 신기했어요. 으쓱하기도 하고요. 제가 이런 이야기에 관심을 가질 줄 몰랐거든요. 그리고 제가 요즘 고민하는 문제를 이야기하니까 더 들어 보고 싶고 그래요. 철학이 조금 어려워서 항상 좋은 건 아니지만요.

선생님 하하, 그래, 항상 좋을 수는 없지, 선생님도 그렇거든.

그런데 데카르트는 왜 흄처럼 나라는 게 존재하지 않는다고 생각한 것이 아니라, 변하지 않는 나가 존재한다고 생각한 걸까? 흠, 영민이랑 다빈이는 한강에 자주 가니?

영민 네, 어릴 때는 한강에 있는 수영장에 자주 갔고, 요즘엔 친구들이랑 가족끼리 자전거 타러 가기도 해요.

선생님 한강을 보면 강의 모습은 순간순간 변하지만 그 전체가 하나의 흐름을 이루고 있어서 우리가 '한강'이라고 부르지. 영민이가 어릴 때 본 한강과 지금 보는 한강이 다르지만 여전히 '한강'이라고 부르는 것처럼. 분명 강물이 계속 바뀌는데도 하나의 이름으로 부르는 게 이상하지 않니?

영민 생각해 보니 그러네요.

선생님 상류에서 보는 한강과 하류에서 보는 한강도 다르지만 우리는 같은 '한강'이라고 부르지. 마찬가지로 데카르트는 강물처럼 우리 생각은 순간순간 변하지만 그래도 정신이라고 부를 수 있는 무언가가 있기 때문에 '나'라고 부를 수 있다고 한 거야.

다빈 그렇다면 아까 흄이라는 철학자는 왜 '나'가 없다고 한 거예요?

선생님 아이고, 그건 너무 긴 얘기가 될 것 같은데… 그 이야기
는 아마 다음에 길게 할 수 있을 거야. 흄도 너무 재밌
는 철학자니까, 한번 제대로 이야기해 보자.

다빈 간단하게만 설명해 주시면 안 돼요?

선생님 그냥 넘어가려니 섭섭하지? 간단하게 이야기하면, 흄
은 변하지 않는 나가 있다고 생각하는 건 변하지 않는
나가 있다고 생각하는 습관 때문이라고 했어.

다빈 네? 습관 때문이요? 그건 너무 허무한 대답인데요.

선생님 그래, 좀 그렇지? 근데 흄도 바보가 아니니까 나름 이
유가 있었겠지. 그건 투 비 컨티뉴드야.

영민 선생님, 질문이 하나 생겼어요. 우리 생각이 계속 바뀌
더라도 그 생각의 주인은 변하지 않는 정신이고, 강이
계속 흐르지만 같은 한강이라고 부를 수 있다면, 정신
만 그런 게 아니라 우리 몸도 그럴 수 있지 않나요. 그
러니까 제 말은 지난번에 선생님께서 어릴 때의 저의
몸과 지금의 몸은 바뀌어 다르니까 몸은 '나'가 될 수 없
다고 하셨잖아요. 그런데 내 몸도 계속 바뀌지만 그 변
화에도 주인이 있어야 하니까 그 주인인 '내 몸'이 있을

수 있잖아요.

선생님 영민아, 이리 와, 한번 안아 보자. 내가 이렇게 똑똑한 제자를 두다니 눈물이 앞을 가리는구나. 그래, 맞아. 생각은 변하지만 변하지 않는 '나의 정신'이 있다면, 마찬가지로 우리 몸도 변하지만 그 변화의 주인인 '나의 몸'도 있을 수 있다는 궁금증은 얼마든지 생길 수 있지. 그런데 데카르트는 이렇게 대답할 거야.

영민 데카르트한테 그렇게 질문한 사람이 있나요?

선생님 아니, 그건 아니지만, 지금 영민이의 질문을 데카르트한테 한다면 이렇게 대답할 거라는 이야기야. 우리가 한 꿈 이야기 말이야….

영민 또 꿈 이야기하시는 거예요?

선생님 아니, 그냥 기억나냐고 묻는 거야.

영민 그럼요, 이제 자다가 물어봐도 기억날 거예요.

선생님 열심히 이야기한 보람이 있네. 그때 우리가 지금 꿈을 꾸고 있다면 이 모든 것이 다 가짜일 수 있다고 했지?

영민 네, 맞아요.

선생님 즉, 몸은 없고 정신만 있어도 꿈을 꿀 수 있지. 데카르트는 '내 몸'은 없을 수 있지만 이게 꿈이라도 '내 정신'

은 있어야 하니까 정신이야말로 확실히 존재하는 '나'라고 주장하는 거야.

영민 이게 꿈이라면 변하지 않는 '나의 몸' 같은 건 없다는 이야기네요. 선생님, 그럼 자기소개할 때는 정말로 나는 정신이다, 라고 해야겠네요.

선생님 그래, 영민이 너는 생각하는 거 좋아하니까 그렇게 이야기해도 되지 않을까? 데카르트에게 정신은 생각하는 존재니까 말이야.

영민 그래도 그것 말고 더 이야기하고 싶어요. 자유학년제 하면서 선생님들이 자신이 누구인지 알아야 된다고 이야기하시는데 저만 모르는 것 같아서 속상해요.

선생님 내가 볼 때 지금 영민이 반 친구들 중에서 영민이가 제일 자신에 대해서 많이 아는 것 같은데? 아무튼 선생님하고 좀 더 고민해 보자. 일단 자기소개한 거 국어 선생님께 제출해야 한다고 했으니까 집에 가서 잘 고민해 봐. 다빈이는 영민이랑 같은 수업 듣는 거니?

다빈 저는 그 수업은 안 듣는데 영민이가 하는 이야기가 궁금해서 같이 생각해 보는 중이에요.

선생님 기특한걸. 다빈이가 함께여서 선생님도 즐거웠어. 다음에 또 같이 이야기 나누자.

다빈   네, 선생님, 저도 특별한 일이 없으면 영민이랑 같이 올

게요!

안녕~ 난 데카르트야~

드디어 내 소개를 하게 되었네. 안녕, 나는 데카르트야. '데카르트 (Descartes)'는 내 성이고, 이름은 르네(René)야, 르네 데카르트. 나는 1596년에 프랑스에서 태어났으니까 꽤 오래전 사람이지? 나는 "나는 생각한다, 그러므로 존재한다."라는 말로 유명한 철학자야. 이 말을 내가 1637년에 낸 《성찰》이라는 책에 썼어. 물론 그 전에 내가 《방법서설》이라는 책을 쓸 때도 사용하긴 했지만.

내가 지금까지 이야기를 들어 보니 좋아하는 것과 장래희망이 계속 변하고 얼굴 생김새나 몸의 형태도 계속 변하고 있다면 나는 누구일까, 나의 정체성은 뭘까에 대해서 궁금해하는 것 같더라고. 맞지? 내가 명확하게 알려 줄게. 그러고 보니 내 소개가 아니라 내 철학 소개가 되겠네. 뭐, 내 철학이 곧 나니까.

'나'는 정신이야. 나는 몸이라고 하면 왜 안 되냐고? 그 이유는 몸을 가진 나는 확실하지 않기 때문이야. 확실하지 않은 것이 어떻게 나를 정의한다고 할 수 있겠어. 내가 몸이라는 것이 왜 확실하지 않은지는 선생님 설명을 들어서 이제 잘 알고 있지? 내가 살아가고 있는 이 현실이 꿈일 가능성이 있기 때문이야. 더 정확하게 말하면, 이 책을 읽고 있는 지금 이 순간이 꿈이 아니라고 확실하게 말할 수 없기 때문이지. 이 가능성은 내가 《성찰》의 〈첫 번째 성찰〉에서 상세하게 설명했으니까 관심 있는 친구들은 한번 읽어 봐. 만약 이 현실이 꿈일 가능성이 있다면 꿈속에서 보는 책상, 건물, 친구들, 부모님이 다 꿈 안에서만 존재하는, 즉 현실에 존재하지 않는 가짜일 수 있는 것처럼 나의 몸도 꿈속에만 존재하는 가짜일 가능성이 있는 거야. 영화 〈매트릭스〉 본 적 있어? 그 영화를 보면 내가 진짜라고 믿었던 세계가 사실은 컴퓨터 프로그램 안이잖아. 그러니까 우리가 살고 있는 이 세계, 그리고 이 세계 안에서 우리가 만나고 있는 사람들이 컴퓨터 프로그램이나 꿈이 아니라고 확실하게 말할 수 없다면 그 속에 있는 사물들과 사람들은 가짜일 가능성이 남아 있어. 따라서 확실하지 않은 것을 진짜 나라고 말할 수 없다면 확실하지 않은 나의 몸을 진짜 나라고 할 수 없을 거야.

그렇지만 이 현실이 꿈이라고 하더라도 꿈을 꾸는 존재는 있어야 할 텐데 이 꿈을 꾸는 존재가 바로 정신으로서의 '나'야. 꿈을 꾸는 것은 넓은 의미에서 생각하는 것이고 생각은 정신이 하는 거니까 정신은 존재해야 하는 거지. 즉 누군가가 생각한다면 ─ 꿈을 꾸고 있다면 ─ 그 생각을 하는 사람이 존재할 텐데 그 존재가 바로 나이기 때문에 "나는 생각한다. 그러므로 존재한다."는 가장 확실한 지식이라고 할 수 있어. 그러니까 나는 정신이야. 역시 철학자가 설명하니까 명쾌하지?

그렇다면 "너는 생각한다. 그러므로 (너가) 존재한다."라고 생각하면 왜 안 되는지 궁금한 친구들도 있을 거야. 아주 좋은 질문이야. 이 모든 현실이 꿈일 가능성이 있다면, 다른 사람, 즉 '너'도 존재한다고 할 수 없겠지. 왜냐하면 '너' 역시 내 꿈에서만 존재할 테니까. 따라서 "너는 생각한다. 그러므로 (너가) 존재한다."는 확실한 지식이 될 수 없어. 그래서 '너'의 존재는 '나'의 존재에 비해 훨씬 불확실하고, 그래서 불확실한 '너'의 존재를 확실하게 만드는 것도 '나'니까 내 철학에서는 '너'보다 '나'가 더 중요한 거야.

또 이런 궁금증도 생길 수 있어. '나'는 '생각하는 존재'이기 때문에 우리의 생각도 계속해서 변한다면 정신으로의 나도 계속 변하는 것이 아니냐고. 하지만 아까 선생님이 잘 설명해 주셨듯이, 우리가 한강이 계속 변하더라도 한강이라고 하는 것처럼 우리의 생각은 계속 변하지만 그 생각을 하는 정신은 변하지 않는다고 할 수 있어. 그럼 이 변하지 않는 정신이야말로 변하지 않는 가장 확실한 나라고 할 수 있지 않을까?

이 정도로 내 소개, 아니 나의 철학 소개를 마칠게. 내 철학이 너희들의 정체성을 찾는 데 도움이 되었길 바라.

내가 먼저?
아니면
친구가 먼저?

영민   선생님, 안녕하세요?

선생님 오늘은 영민이가 다빈이랑 안 오고 재영이랑 왔네?

영민   네, 다빈이는 오늘 약속이 있어서 못 온다고 했어요.

선생님 지난번에 너무 어려워서 도망간 건 아니고?

재영   어, 그럴지도 몰라요. 왠지 약속이 없는데 약속이 있는
          것처럼 말하더라고요.

선생님 재영이는 오랜만이네. 그동안 잘 지냈지?

재영   네, 영민이가 자꾸 선생님한테 가자고 해서 왔는데, 뭐
          하는 거예요?

선생님 영민이가 재영이를 괴롭히려고 데려온 모양이구나.

영민   어, 어떻게 아셨어요. 재영이 애는 친구하고 노는 것만
          좋아하고 생각하는 거는 정말 싫어하거든요.

재영   여기서 뭐 하는 거예요?

선생님 그동안 영민이랑 자기소개서를 어떻게 쓸지에 대해서
          이야기하고 있었어.

재영   영민아, 그거 국어 선생님이 생각해 보라고 한 그거야?
          나도 해야 하는데.

영민   응, 맞아. 나를 소개하고 싶은데 내가 누군지 모르겠어
          서 선생님한테 여쭤 봤거든.

재영 그때 고민하더니 선생님 찬스를 썼구나. 근데 그게 뭐가 어렵다고… 내가 대신 소개해 줄까? "1학년 3반 김영민입니다. 저는 웹툰 작가가 꿈이에요, 반갑습니다." 이렇게 하면 되지.

선생님 하하, 그래, 영민아, 재영이에게 자기소개 부탁하면 되겠네. 그나저나 자기소개서 쓰기 숙제는 잘하고 있니?

영민 아니요, 아직 고민 중이에요. "나는 정신이다."라고 이야기하면 친구들이 다 웃을 게 뻔하고, 그렇다고 취미나 좋아하는 색깔 같은 걸로 소개하고 싶지 않고요. 근데 선생님, 이 모든 게 꿈이면 친구들도 없는 거 아닌가요? 그럼 제가 자기소개할 필요도 없을 것 같아요. 그렇게 생각하니 친구들과도 조금 멀어지는 것 같고, 세상에 나 혼자만 있는 것 같아서 조금 우울해요.

선생님 아이고, 철학 때문에 영민이가 괜히 기분이 안 좋아진 건 아닌지 걱정이네. 그런데 영민이가 이 상황 속에서도 굉장히 철학적인 생각을 하고 있는 것 같아.

영민 제가요? 무슨 말을 했나요?

선생님 방금 세상에 나만 존재하는 것 같아요, 라고 했잖아.

영민 네, 근데 데카르트처럼 생각하면 그게 사실이잖아요.

선생님 맞아, 데카르트에 따르면 세상에 확실한 것은 나밖에 없지. 그런데 영민이도 알다시피 나만 있는 게 아니잖아. 세상에는 영민이 말고 친구들도 있고 선생님도 있다는 걸 알고 있잖아.

영민 맞아요, 세상에 나만 있으면 사실 내가 존재한다는 걸 아는 사람도 없을 테니까 나도 없는 거나 마찬가지일 것 같아요. 그런데 이게 꿈일 가능성이 있다면 데카르트는 친구들도 없고 선생님도 없고 나 혼자만 있다고 생각하는 건가요? 그럼 데카르트는 자기소개할 필요도 없는 것 아니에요?

선생님 지금부터 하는 이야기는 조금 어려울 수 있는데, 영민이는 지금까지 설명을 잘 이해했으니까 지금부터 할 이야기도 잘 이해할 거라고 믿어. 혹시 이해가 안 되는 게 있으면 언제든지 질문해도 돼.

영민 걱정하지 마세요, 선생님, 잘할 수 있어요.

선생님 넌 신을 믿니?

영민 질문이 너무 훅 들어오는데요. 저는 종교는 없어요.

선생님 데카르트가 살았던 시대는 기독교 사회였어. 물론 지난번에 이야기한 것처럼 천주교와 개신교가 서로 싸우긴 했지만 그래도 신은 있다고 생각했어.

영민 데카르트도 신을 믿었나요?

선생님 너무도 당연하게 신을 믿던 시대였으니까. 데카르트는 신이 있으니까 우리가 꿈을 꾸는 게 아니라고 했어.

영민 예? 신과 꿈이 무슨 상관이 있어요?

선생님 영민이가 신을 믿는 건 아니지만, 한번 물어보자. 영민이가 생각하기에 만약 신이 있다면 사기꾼 같은 사람일까, 아니면 우리가 신뢰할 만한 사람일까?

영민 잠깐만요, 선생님, 신은 사람이 아니잖아요.

선생님 아, 미안, 내가 엄격하게 표현하지 못했네. 다시 물어볼게. 신이 있다면 사기꾼 같은 존재일까, 아니면 우리가 신뢰할 만한 존재일까?

영민 그거야 당연히 믿을 만한 존재겠죠.

선생님 그렇지? 신을 보통 창조주라고 하잖아, 우리가 살아가는 이 현실을 만들었다는 의미겠지. 그런데 신이 이 세상을 만들었다면 내가 경험하고 있는 이 현실이 꿈이라고 하는 건 신이 사기꾼이라는 말과 같겠지?

영민 현실이 꿈이면 신이 사기꾼이라는 말이라고요?

선생님 이게 꿈이라면 우리가 보는 이 세계는 정말 존재하는 게 아니게 되겠지. 그럼 신은 진짜 세계가 아니라 가짜 세계를 만든 게 돼. 그러니 신은 사기꾼이라는 말이 나오는 거지.

영민 신은 믿을 만한 존재고, 그런 존재가 사기꾼처럼 거짓 세상을 만들지는 않았다, 이런 뜻이네요.

선생님 바로 그거야. 데카르트는 신이 있다면 이 세상은 꿈이 아니라 진짜로 있는 거라고 봤어. 그러면 이제 나도 있고 신도 있고 이 세상도 내가 보는 대로 다 있다고 할 수 있겠지.

영민 신이 있으니 이 모든 게 꿈이 아니다. 그래서 친구들도 선생님도 꿈속에 있는 것이 아니라 진짜로 있다, 이런 얘기네요.

선생님 그렇지. 잘 이해했어, 기특한데? 이제 내가 네 꿈속에 있는 유령 같은 존재가 아니라는 걸 알게 되었지?

영민 사실 이제 말하는 건데, 선생님이 꿈에서 제가 만들어 낸 사람일까 봐 좀 무서웠어요.

선생님 이 녀석이 이제 철학 좀 아는 10대가 되었다고 선생님을 놀리네. 암튼, 그래서 나 말고도 친구들처럼 다른 존재도 있다고 해야 되겠지. 그렇지만 데카르트에게 가장

중요한 것은 '나'야. 데카르트에 따르면 내가 여기에 책상이나 다른 사람이 있다고 생각해야 여기 있는 것들도 있게 되는 거야. 한마디로 내가 먼저 있어야지 다른 사람도 존재하게 될 수 있지.

영민 좀 헷갈려요. 결국 나도 있고 내 친구들도 있는 거 아니에요?

선생님 맞아, 결과적으론 그래. 그런데 있는 순서가 중요해.

영민 순서가요? 왜요?

선생님 아무래도 앞에 나오면 더 중요하다는 의미가 있겠지.

영민 그렇겠죠, 1등, 2등 이렇게요.

선생님 그렇지. 그러니까 데카르트의 생각은 어쩌면 다른 사람보다 더 중요한 것은 나라고 정의할 수 있을 거야. 내가 있어야 다른 사람도 있는 거니까. 데카르트는 심지어 내가 다른 사람을 만들어 내는 거라고 할지도 몰라.

영민 내가 내 친구들의 부모님도 아니고 그렇다고 내 친구들이 피노키오도 아닌데 어떻게 내가 다른 사람을 만들어 낼 수 있는 거예요? 내가 친구들을 만들어 낸다는 게 무슨 말인지 모르겠어요.

선생님 듣고 보니 내가 단어를 정확히 사용하지 못했네. 철학은 단어를 정확히 쓰는 게 핵심인데, 내가 이번에도 영민이보다 철학적 능력이 부족했어.

영민 뭐, 너무 자책하지 마세요, 선생님. 그럴 때도 있죠.

선생님 내가 다른 사람을 '만들어 낸다'고 했을 때의 의미는, 친구도 다른 사람이니까 친구의 존재도 내가 인정할 때만 가능하다는 거야. 지난번에 이야기한 것처럼, 데카르트에게 확실하게 존재하는 것은 나잖아. 그러니까 나의 존재가 제일 확실하고 순서상 제일 먼저 오는 거겠지. 내가 앉아 있는 책상, 부모님, 친구들처럼 이 세상에 존재하는 모든 것이 의심스러울 때 유일하게 확실한 것이 나의 존재니까 내가 있은 다음에 이 세상이 존재할 수 있지. 그러니까 데카르트에게는 내가 먼저 있고 다른 사람들, 친구들은 나중에 있게 되는 거야. 이 세상에서 나보다 먼저 존재하는 것은 없어. 그 말은 내가 가장 중요하다는 의미이기도 하지.

재영 선생님, 저는 두 사람이 무슨 말을 하는지 몰라서 그냥 듣고 있었는데요. 그런데 이건 얘기할 수 있을 것 같아요.

선생님 오, 그래, 재영아, 한번 말해 봐.

나다움 좀 아는 10대 ◆ 080

재영　저는 친구들보다 내가 먼저라는 점이 이해가 안 돼요.

선생님　그래? 그렇게 어려운 얘기는 아닌데?

재영　내용이 이해가 안 된다는 게 아니라 저는 친구하고 노는 게 좋거든요. 저한테는 내가 먼저 있는 게 아니라 친구가 먼저예요. 가끔은 친구가 있기 때문에 나도 있는 것 같거든요.

선생님　재영이도 잘 이해하고 있네. 그리고 그 생각도 굉장히 중요한 생각이야. 재영이도 친구들하고 노는 것만 좋아하는 게 아니라 놀면서도 뭔가를 배우고 있는 거네, 생각도 하고 있고.

재영　어, 진짜요? 저는 그냥 생각나는 대로 이야기한 건데요. 근데 그게 왜 중요한 말이에요?

선생님　내가 먼저 있느냐 친구가 먼저 있느냐에 따라서 우리 행동이 크게 달라질 수 있으니까.

재영　잘 이해가 안 돼요, 선생님.

선생님　그래, 만약 내가 먼저고 내가 제일 중요하다고 생각하면 아무래도 이기적으로 행동할 수 있을 거야. 친구나 다른 사람보다 중요한 것은 나니까. 반대로 친구가 먼저라고 생각하면, 내가 있기 전에 친구가 먼저 있는 거니까 나만 생각할 수는 없겠지. 아니면 다른 사람을 더 먼저 생각하게 되겠지.

재영 아, 이제 이해가 됐어요. 친구가 나보다 먼저 있다는 건 그러니까 저처럼 친구를 먼저 생각하는 거고 그게 더 좋다는 말씀이죠? 봤지, 김영민? 나 이런 사람이야.

영민 거봐, 나 따라오기 잘했지?

선생님 그래, 재영이가 이야기하니까 이야기가 더 풍성해지는구나. 혹시 너희들 요즘 '혼밥'이라는 말 들어 봤니?

영민 '혼밥'은 요즘 쓰는 말이 아니라 옛날에 쓰던 말이에요.

선생님 하하, 그래, 너희들 입장에서는 옛날이라고 할 수 있겠구나. 암튼 안다는 거네.

영민 네, 혼자 밥 먹는 거를 말하는 거잖아요. '혼영'이나 '혼코노' 같은 말은 아세요?

선생님 나를 뭘로 보는 거야, 당연히 알지. '혼영'은 혼자 영화 보는 거, '혼코노'는 혼자 코인 노래방 가는 거잖아.

영민 선생님도 아시네요. 근데 왜 혼밥 이야기를 하셨어요?

선생님 너희들도 혼밥 해 봤니?

재영 저는 친구랑 밥 먹는 거 좋아해서 혼밥은 안 해 봤어요.

선생님 영민이 너는?

영민 저는 가끔 주말에 학원 보강 있을 때 쉬는 시간에 편의점에서 혼밥할 때 있어요.

선생님 그때 기분이 어때?

영민 좀 외롭죠. 다른 학생들도 편의점에서 혼자 밥 먹고 있으니까 좀 덜하긴 한데 외롭긴 해요. 근데 밥 먹는 시간이 10분도 안 돼서 금방 잊어버리게 돼요.

선생님 재영이는 혼밥하면 기분이 어떨 것 같아?

재영 저는 친구를 무지하게 좋아하니까 외롭다기보다는 좀 슬플 것 같아요. 내가 세상에서 없어지는 느낌?

선생님 그렇겠지. 우리 학교에도 점심시간에 혼밥하는 학생들이 있을 것 같은데… 선생님도 식당에서 유심히 보고 있는데, 아직은 내 눈에는 안 보이지만 있을 것 같아.

영민 저도 항상 함께 먹는 친구들이 있어서 누가 혼밥을 하는지는 모르겠어요. 그건 왜요?

선생님 너희가 혼밥하면 외롭고 슬픈 것처럼 그 친구도 그런 기분을 느낄 수 있으니 좀 도와주면 좋을 것 같아서.

재영 에이, 그거야 당연하죠.

선생님 근데 우리 무슨 이야기하다가 이렇게 됐지? 아, 그래, 데카르트가 생각하는 '나'는 이게 다 꿈이라해도 확실

한 존재였어. 이처럼 나의 존재가 가장 확실하고 중요한 거니까 결과적으로 다른 사람은 나보다 덜 중요하게 된 거지. 그게 좋은 것 같긴 하지만 방금 이야기한 것처럼 내가 아무리 중요한 사람이라도 나 혼자 있으면 왠지 쓸쓸하고 슬프잖아. 그러니까 선생님은 너희가 자기소개를 할 때 너무 '나'만 강조하지 말고 거기에 다른 사람도 좀 있으면 좋겠어.

영민 다른 사람도 있으면 좋겠다뇨?

재영 영민아, 우리 가야 할 것 같은데.

영민 어, 시간이 벌써 그렇게 됐나.

선생님 그래, 그럼 그 이야기는 다음에 하자.

재영 네, 선생님, 안녕히 계세요.

선생님 재영이도 다음에 또 올 거야?

재영 그럴래요, 뭔가 똑똑해지는 느낌이 들어요.

선생님 지난번에 다빈이도 그렇게 이야기하고 도망갔는데….

재영 제가 다음에 다빈이도 붙잡아서 올게요.

선생님 그렇게까지 할 건 없어. 편하게 오고 싶으면 와.

재영 네, 알겠습니다, 안녕히 계세요.

다빈 선생님, 안녕하세요?

선생님 아이고, 이게 누구야? 오늘은 다빈이도 왔네.

다빈 선생님께서 제가 지난번에 도망갔다고 하셨다면서요? 저 도망간 거 아니에요. 진짜 일이 있었다고요.

선생님 농담인데 누가 고자질했구나.

영민 재영이요.

재영 그거 고자질 아니고 있는 그대로 말한 거거든.

영민 어, 그게 고자질이야.

선생님 아이고, 오늘은 세 명이 와서 정신이 없네. 그나저나 다빈이는 안 왔을 때 무슨 얘기를 했는지는 들었고?

다빈 재영이가 선생님하고 30분 동안 이야기한 걸 40분 동안 설명해 줬어요.

선생님 역시 재영이는 친구가 없으면 나도 없는 아이야. 데카르트가 싫어했겠어.

재영 아, 진짜요? 데카르트하고도 친하게 지내고 싶은데.

선생님 데카르트하고는 친하게 못 지내겠지만 레비나스라는 철학자하고는 친하게 지낼 수 있을 것 같다.

다빈 선생님, 지난번에 저한테는 흄하고 생각이 비슷하다고 하셨잖아요. 그럼 우리는 다 각자 비슷한 철학자가 있네요. 저는 흄, 영민이는 데카르트, 재영이는 레….

선생님 레비나스. 레비나스는 낯선 이름일 거야, 너희뿐만 아니라 사람들이 잘 아는 철학자는 아니야. 데카르트가 17세기에 살았던 프랑스 철학자였잖아, 레비나스는 1990년대까지 프랑스에 살아 있었던 철학자야.

다빈 네, 레비나스! 그럼 우리끼리 나는 '박흄', 영민이는 '김데카', 재영이는 '최레비'라고 부를까?

재영 저는 왜 레비나스하고 친하게 지낼 것 같나요?

선생님 기억나니? 데카르트는 아마도 다른 사람보다 나를 중요시할 거라고 말했잖아. 그런데 레비나스는 그 반대라고 할 수 있거든. 레비나스는 다른 사람이 나보다 더 중요하다고 생각해. 재영이도 나보다 친구가 더 중요하다고 이야기했으니 레비나스가 얼마나 좋아하겠니.

재영 그럼 오늘은 레비나스 이야기해요, 선생님.

선생님 그러자. 나도 데카르트와 비교할 수 있는 철학자로 레비나스를 들고 싶었거든.

다빈 치, 선생님, 저는 흄 이야기를 하고 싶은데요….

선생님 아이고, 다빈아 미안. 흄은 다음에 이야기할 기회가 있을 거야. 우리가 지금 이야기하고 있는 주제에서는 데카르트와 레비나스가 서로 대비가 된달까, 그래서 레비나스를 말하는 게 좋을 것 같아.

다빈 할 수 없죠.

선생님 너희들 오늘 여기 들어오면서 나한테 인사를 했지?

영민 저희가 뭘 잘못했나요?

선생님 아니, 그럴 리가. 그런데 인사할 때 어색했니?

재영 아니요, 선생님한테 인사하는데 어색할 리가 없죠.

선생님 그렇지, 우리는 잘 아는 사이이니까. 모르는 사람한테 인사할 때는 어때?

재영 어색하죠, 인사를 안 받아 주면 민망하고 뻘쭘하기도 하고요. 너무 뻘쭘할 때는 땅속으로 들어가고 싶어요.

선생님 우리는 인사라는 걸 쉽게 생각하지만, 생각해 보면 인사는 용기를 내서 하는 행동이야. 상대방이 받아 주지 않을 때의 어색함을 무릅쓰고 하는 거니까. 만약 상대방이 인사를 안 받아 주면 우리는 상처를 받을 거 아냐. 방금 재영이가 좋은 말을 했어.

재영 아, 또 제가 좋은 말을?

선생님 그래, 재영이가 상대방이 내 인사를 받아 주지 않으면 땅속으로 들어가고 싶은 심정이라고 했잖아. 그 말은 어떻게 보면 나를 확실하게 존재하게 해 주는 건 다른 사람이라고 할 수도 있다는 의미지. 다시 인사로 돌아가면, 인사를 할 때 내가 먼저 다른 사람에게 말을 거는 것 같지만 사실은 다른 사람이 나에게 반응을 해 줄 때에야 내가 실제로 존재하게 된다고 할 수 있을 거야. 다른 사람이 반응을 안 해 주면 나는 투명인간이 된 것 같은 기분이잖아. 그렇다면 내가 먼저 있고 다른 사람을 발견하는 것이 아니라 다른 사람이 먼저 있고 나서 나를 발견하는 거라고 말할 수 있지 않을까? 아니면, 다른 사람 때문에 내가 존재하는 거라고 말할 수도 있을 테고.

영민 그럼 우리가 이야기했던 데카르트의 생각과 반대네요. 데카르트는 내가 먼저 존재하고 내가 다른 사람을 발견한다고 생각했잖아요.

선생님 맞았어!

재영 그런데 레비나스 이야기하신다더니 왜 갑자기 인사에 대해 말씀하시는 거예요?

선생님 내가 너무 뜬금없이 이야기를 시작했나. 너희들 혹시 김춘수의 〈꽃〉이라는 시 아니?

다빈 아니요.

선생님 아니, 이 유명한 시를 모른다고? 아마 시인이랑 제목은 몰라도 들어 보면 알 수도 있어. "내가 그의 이름을 불러주기 전에는…", 이렇게 시작하는 시인데….

영민 어, 저 알 것 같아요. 초등학교 때 담임 선생님이 칠판에 써 주신 적이 있어요. 정확하게 기억은 안 나지만….

선생님 그래, 내 핸드폰으로 찾아보자, 선생님도 다 외우지는 못해서. 자, 검색해 볼까, 김. 춘. 수. 꽃. 그래, 여기 나오네. 다빈이가 소리 내서 읽어 볼래?

다빈

내가 그의 이름을 불러 주기 전에는

그는 다만

하나의 몸짓에 지나지 않았다.

내가 그의 이름을 불러 주었을 때,

그는 나에게로 와서

꽃이 되었다.

내가 그의 이름을 불러 준 것처럼

나의 이 빛깔과 향기에 알맞는

누가 나의 이름을 불러다오.

그에게로 가서 나도

그의 꽃이 되고 싶다.

우리들은 모두

무엇이 되고 싶다.

너는 나에게 나는 너에게

잊혀지지 않는 하나의 눈짓이 되고 싶다.

읽고 나니 본 적이 있는 것 같아요.

선생님 유명한 시라 낮이 익을 거야. 이 시에서 네가 꽃이 되는 것은 내가 너의 이름을 불러 줄 때라고 하니까 마치 다른 사람을 꽃으로 인정하는 주체가 나인 것처럼 보여. 데카르트가 생각한 것과 비슷하지? 그런데 다르게 생각해 보면, 나도 꽃이 되려면 네가 나의 이름을 불러 주어야 하는 거지. 그러니까 데카르트처럼 네가 존재하기 위해서 내가 먼저 있어야 하는 것이 아니라, 어쩌면 내가 꽃이 되기 위해서 나를 불러 줄 다른 사람이 먼저 존재해야 한다는 것을 보여 준다고도 할 수 있어.

영민 근데 인사랑 이 시랑 무슨 상관이에요?

선생님 내가 갑자기 인사에 대해서 이야기한 이유랑 비슷해. 내가 먼저 인사를 했는데 상대방이 받아 주지 않으면 나는 없는 사람이나 마찬가지겠지. 뭐랄까, 아까 이야기한 것처럼 투명인간 같은 느낌이 들겠지. 데카르트한테는 내가 먼저 존재하고 다른 사람이 존재하니까 내가 우선이라고 했잖아. 그런데 인사를 생각해 보면 다른 사람이 먼저 존재하고 그 사람이 내가 투명인간이 되지 않게 해 주는 거니까, 어떤 의미에서는 나의 존재는 다른 사람한테 의존하고 있다고 할 수 있지. 이게 바로 레비나스의 철학이랑 비슷해.

재영 아, 알겠어요, 선생님. 그러니까 데카르트한테는 내가 먼저 있고 다른 사람이 있다면, 레비나스는 다른 사람 때문에 내가 존재한다고 생각하는 거네요.

선생님 그렇지, 역시 재영이가 레비나스랑 잘 맞는구나.

재영 그런데 선생님, 레비나스가 데카르트에게 그런 생각을 이야기하지 않았나요?

선생님 데카르트는 옛~날 사람이고 레비나스는 20세기 사람
이니까 두 사람이 만날 일은 없어. 레비나스가 후대 사
람이니 데카르트에 대해서는 잘 알고 있었겠지?

재영 그럼 레비나스는 데카르트에 반대해서 그런 생각을 한
건가요?

선생님 음⋯ 레비나스가 데카르트에 반대해서 그런 생각을 했
다기보다는 사람들이 데카르트처럼 생각하는 경우가
많았기 때문에 그런 생각에 반대했다는 게 더 정확할
것 같아. 아직은 좀 어렵지? 레비나스 이야기를 조금
더 해 볼까? 우리가 이렇게 이야기를 이어 오게 된 건
'자기소개' 때문이었잖아. 선생님이 질문 하나 할게. 재
영이는 영민이를 어떤 친구로 알고 있니?

재영 생각하는 거 좋아하고, 운동하는 건 별로 안 좋아하
고⋯.

선생님 영민이는 재영이를 어떤 사람으로 알고 있어?

영민 재영이는 노는 거 좋아하고, 생각하는 건 싫어하고⋯.

선생님 재영이는 영민이가 알고 있는 너의 모습에 동의하니?

재영 뭐, 맞는 부분도 있지만 저는 그거 말고 다른 모습도 많
아요. 생각하는 것도 좋아하고 내성적인 면이랄까, 그

런 점도 있어요.

영민 정말? 네가 내성적이라고?

선생님 영민이는 재영이가 아는 너의 모습이 맞다고 생각해?

영민 맞는 부분도 있지만 저도 그게 제 모습의 전부는 아닌 것 같아요.

선생님 그렇지, 사실 내가 다른 사람을 잘 알고 그렇게 규정했다고 생각하지만 내 친구는 내가 생각하는 대로 정의될 수 없겠지. 나도 요즘 너희들과 이야기하는 시간이 많아져서 나름대로 영민이, 다빈이, 재영이를 안다고 생각하게 되었지만, 아마 내가 너희들을 각각 어떤 사람으로 규정한 것이 너희들을 다 설명할 수는 없을 거야. 아마 너희들하고 시간을 더 보내서 평소 모습을 많이 알게 된다고 하더라도 너희들의 진짜 모습은 내가 안다고 생각하는 것 이상일 거야. 레비나스 철학은 이런 이야기를 한다고 보면 돼.

다빈 선생님이 저를 어떻게 생각하시는지 궁금해요.

선생님 그건 비밀인데···. 암튼 레비나스는 다른 사람의 진짜 모습은 내가 그 사람을 알고 있다고 생각하는 것을 항상 넘어선다고 여겼어. 너희들 USB 알지?

영민 선생님, 우릴 뭘로 보시는 거예요? 요즘 USB 모르는 사람이 어딨어요?

선생님 아, 미안, 내가 너무 너희들을 무시했나. 암튼 컴퓨터로 비유하자면 내 USB의 용량은 16기가바이트인데 내 친구의 용량은 64기가바이트면 내 USB에 친구를 다 담을 수 없잖아. 이런 의미에서 내가 이해하는 다른 사람은 항상 나의 이해를 넘어선다고 할 수 있어. 그래서 레비나스는 다른 사람을 '수수께끼'라고 불러.

재영 선생님, 우리가 친구의 모습을 다 알 수 없다면 다른 사람과는 친구가 될 수 없는 건가요? 다른 사람이 수수께끼면 친구가 되기가 어려울 것 같아요.

선생님 꼭 그런 건 아니야, 우리가 알 수 있는 친구의 모습도 있지. 재영이가 파악한 영민이가 틀렸다고는 할 수 없어. 그렇지만 레비나스가 하고 싶은 말은 내 친구에게 우리가 파악한 것보다 파악할 수 없는 더 많은 모습이 있다는 거야, 그걸 어려운 말로 '타자'라고 해.

영민 타자요? 그건 다른 사람이라는 말 아닌가요? 내 친구는 나와 다른 사람이니까 당연히 타자 아닌가요?

선생님 그래 맞아. 근데 '타자'는 말이 좀 어렵지? 쉬운 말로 하

자면 영민이가 방금 이야기한 것처럼 그냥 '다른 사람'
이라는 건데, 레비나스가 말하는 '타자'는 그냥 '다른 사
람'이 아니라 항상 우리가 아는 것 이상을 가진 사람,
그러니까 파악이 잘 안되는 사람이라는 의미야.

다빈 선생님 잘 이해가 안 돼요.

선생님 그래? 그럼 좀 다르게 설명해 볼까. 너희들 혹시 독서
토론해 봤어?

영민 네, 초등학교 때 학교에서도 하고 학원에서도 했어요.

다빈 저도 학교에서 해 봤어요.

선생님 독서 토론을 하면 모두 똑같은 책을 읽잖아. 근데 읽은
책을 이야기해 보라고 하면 다들 이해한 것이 조금씩
다르지. 그러니까 토론도 할 수 있는 거고. 나는 그 책
을 읽을 때 다 이해했다고 생각했는데, 다른 사람 이야
기를 들어 보니 내가 이해하지 못한 부분도 알게 되고
그러잖아. 그런 경험들은 다 있지?

영민 듣고 보니 이상하네요. 똑같은 내용을 읽는데 왜 그렇
게 다를까요?

선생님 좋은 질문이야. 왜 그럴까? 이렇게 한번 이야기해 볼
까? 예를 들어, 우리가 다음 주에 독서 토론을 한다고

해 보자. 그럼 선생님이 미리 책을 읽고 오라고 하겠지.
그러면 토론할 때 표지디자인이나 책 쪽수 같은 외양적
인 걸 이야기하지는 않잖아.

영민 선생님, 재영이는 그런 걸 이야기해요.

재영 야, 김영민, 무슨 소리!

선생님 암튼 책의 겉모습을 본다고 해서 우리가 그 책을 봤다고 이야기할 수 없잖아. 그건 말 그대로 그냥 '보는' 것일 뿐이니까. 하지만 책을 '읽는' 것은 조금 다르지. 잘 생각해 보면 책의 내용이 딱 정해져 있는 것처럼 보이지만 누가 읽느냐, 어떤 기분에서 읽느냐에 따라서 조금씩 달라져. 그러니까 읽는 사람에 따라서, 또 언제 읽느냐에 따라서 책 내용은 조금씩 달라질 수 있을 거야. 따라서 책을 '다' 읽었다, '다' 이해했다는 일은 좀처럼 일어나기 힘들겠지. 방금 말했다시피 누가 읽느냐에 따라 내용은 조금씩 달라질 테니까.

영민 선생님 말씀을 들으니까 독서 토론할 때 모두 같은 책을 읽는데 왜 다들 다르게 이해하는지 이해가 돼요.

선생님 이해가 된다니까 마음이 좀 놓이네. 그럼 조금 더 이야기해 볼까? 내가 만나는 다른 사람, 친구도 마찬가지일 거야. 내가 그 친구를 언제 어떻게 만나느냐에 따라서 나한테 다가오는 의미가 조금씩 다를 테니 우리는 그 친구를 다 파악했다고 할 수 없겠지.

영민 그러니까 다른 사람이 수수께끼인 이유는 다른 사람이 책 같은 존재이기 때문이네요.

재영 저는 책을 잘 안 읽어서 그런지 잘 이해가 안 돼요.

다빈 어, 이상하네. 재영이 네가 제일 잘 이해할 수 있을 것 같은데. 너한테 책은 항상 수수께끼일 거 아냐.

재영 아니거든!

다빈 선생님, 저는 알 듯 모를 듯한데 선생님께서 조금만 더 설명해 주시면 안 돼요?

선생님 안 되기는. 당연히 되지. 선생님도 다빈이를 위해서 조금 더 설명하면 좋겠는데, 내가 지금 회의가 있어서 가 봐야 해. 그 대신 다음에는 선생님이 오디세우스와 아브라함 이야기를 해 줄게.

다빈 오디세우스와 아브라함이요? 아브라함은 들어 봤는데 오디세우스는 누구예요?

영민 난 오디세우스는 아는데 아브라함은 누군지 몰라.

선생님 그래, 잘됐네. 다음에 다빈이는 아브라함을, 영민이는 오디세우스를 서로 설명해 주면 되겠다.

재영 그럼 저는 두 사람의 이야기를 잘 들을게요.

6

나는 대답한다,
그러므로
존재한다

다빈 선생님, 오디세우스와 아브라함 이야기해 주세요.

선생님 이제 너희들 인사도 안 하네?

영민 사실 선생님께서 지난번에 인사를 했는데 상대방이 안 받아 주면 우리 존재가 없어질 수도 있다고 하셔서 우리끼리 오늘은 인사를 하지 말자고 했어요. 우리가 투명인간이 될 수도 있잖아요!

선생님 너희가 말을 잘못 이해한 것 같은데? 내 말은 그래서 인사를 하지 말아야 한다는 게 아니라, 상대방에게 인사를 하고 말을 건다는 건 그만큼 어려운 일이지만 내가 존재하기 위해서 꼭 필요한 거니까 용기를 내서 인사를 하라는 거였는데. 마찬가지로 인사를 받는 사람도 상대방이 나한테 말을 거는 건 그만큼 어려운 결심을 한 거니까 모른 척하지 말고 대답하라는 의미였고. 레비나스가 너희들한테 좀 섭섭하겠다.

재영 어, 저는 레비나스와 친하게 지내고 싶은데, 어쩌죠?

선생님 아직 기회가 조금 더 있으니까 걱정하지 마. 암튼 이렇게 다른 사람이 나에게 인사를 하거나 말을 걸 때 모르는 체하지 않는 것을 레비나스는 '환대'라고 불러.

재영 환대가 무슨 뜻이에요?

선생님 환대는 말 그대로 다른 사람을 환영한다는 의미야.

재영 나에게 인사하고 말을 건네는 일이 힘든 거니까 그 인사와 말을 잘 받아 주라는 거네요.

선생님 역시 재영이가 레비나스는 금방 이해하는구나! 다른 사람이 나를 환영해 줄 때 나도 한 사람으로 존재할 수 있고, 마찬가지로 내가 다른 사람을 환대해야 그 사람도 존재할 수 있게 될 거야. 자, 그럼 레비나스와 조금 더 친해지기 위해서 오디세우스와 아브라함 이야기를 시작해 볼까? 레비나스가 이 두 사람 이야기를 했거든. 오디세우스를 아는 사람?

영민 저요, 선생님.

선생님 그래, 지난번에 영민이가 알고 있다고 했지. 영민인 테세우스도 알더니, 그리스 신화를 열심히 읽었나 보네.

영민 초등학생 때 만화로 된 그리스 신화를 열심히 읽었는데 그때 오디세우스도 읽었어요.

선생님 좋아. 오디세우스가 누구지?

영민 뭐라고 해야 하죠? 처음부터 다 설명하나요?

선생님 아니, 핵심만 이야기하면?

영민 그러니까 오디세우스는 트로이 목마를 처음 생각한 사람이잖아요. 그리고 트로이 전쟁을 이기고 다시 고향으로 돌아오는데, 거기 이름이….

선생님 이타카지.

영민 어, 그런 비슷한 이름인 것 같아요.

선생님 오디세우스가 10년간의 트로이 전쟁에서 승리한 후 고향에 돌아오는 이야기를 쓴 게 호메로스의 《오디세이아》지. 전쟁이 끝난 후 오디세우스는 10년이나 걸려 고향에 돌아오는데, 도중에 엄청나게 많은 사람들을 만나. 너희들도 어디선가 한 번씩 들어 본 이야기들이야. 눈이 하나밖에 없고 사람을 잡아먹는 괴물 거인족 키클롭스라든지….

재영 저는 처음 들어 봐요.

영민 하하, 내가 알려 주마. 키클롭스가 오디세우스와 부하들을 잡아먹으려고 동굴 속에 가둬 두고 있었는데, 폴리페모스라는 이름의 키클롭스가 오디세우스의 이름을 물어봐. 그때 오디세우스가 자기 이름을 '노바디(nobody)'라고 말해. 노바디는 아무도 아니라는 뜻이잖아. 어느 날 오디세우스가 동굴에서 탈출하려고 술에 취한 폴리페모스의 눈을 찔렀거든. 그러자 폴리페모스

가 친구 키클롭스들한테 "누가 내 눈을 찔렀어! 도와
줘!"라고 해. 그래서 친구들이 "그놈이 누구야?"라고 물
었는데, 폴리페모스가 "노바디."라고 대답하지. 그래서
친구들이 "뭐, 아무도 아니라고? 에이." 하며 다시 돌아
가는 바람에 오디세우스가 도망칠 수 있었지.

재영 나 처음 듣는 이야긴데, 재밌는데? 나도 《오디세이아》
한번 읽어 봐야겠다.

영민 내가 《오디세이아》 만화책 빌려줄게. 선생님, 오디세우
스는 자기 부하들을 다 돼지로 만들어 버린 사람도 만
나잖아요. 아, 사람이 아닌가?

선생님 키르케를 말하는구나. 그렇지, 키르케가 오디세우스를
사랑해서 같이 지내자고 하지만 오디세우스는 결국 고
향으로 다시 떠나지. 또 그 후에 오디세우스는 자기와
같이 살면 늙지도 않고 죽지도 않게 해 준다는 칼립소
도 만나지만 고향으로 떠났고.

영민 아, 세이렌도 만나요! 오디세우스가 세이렌이 부르는
노래에 유혹돼 바다에 뛰어들지 않으려고 부하들한테
자신을 돛대에 묶으라고 해서 무사히 고비를 넘기잖아
요. 그러고 보니 오디세우스는 고향으로 돌아오는 도중

에 정말 많은 사람, 아니 괴물을 만나네요. 그런데 선생님, 레비나스와 오디세우스가 무슨 관련이 있어요?

선생님 오디세우스가 이렇게 많은 존재를 만나지만 자기 고향으로 돌아오기 위해서 이들을 떠나잖아. 또 자기를 지키기 위해서, 아니면 자기의 목표였던 고향으로 돌아오기 위해서 다른 사람을 이용하기도 하고. 이렇게 보면 오디세우스에게 다른 사람은 고향으로 돌아오려는 자신의 목표를 위한 수단에 불과했다고 볼 수 있지 않을까? 그래서 레비나스는 오디세우스가 다른 사람에게 관심이 있기보다는 자기 자신에게만 관심 있는 사람의 전형이라고 생각했어.

재영 어, 지난번에 만났을 때 선생님이 말씀하신 거랑 비슷하네요. 데카르트와 오디세우스가 비슷한 것 같아요.

선생님 재영이 말을 듣고 보니 그렇구나. 레비나스는 오디세우스와 데카르트가 비슷하다고 말한 적은 없지만 내가 너희들한테 설명한 대로라면 그렇다고 할 수 있겠네.

재영 선생님, 역시 저는 레비나스와 잘 맞는 것 같아요.

선생님 그래, 자기한테 잘 맞는 철학자가 있지, 그런 철학자를 만난다는 건 정말 큰 행운이야.

재영 다 선생님 덕분이에요.

영민 선생님, 그럼 레비나스는 오디세우스를 싫어하는 건가요, 그리스 영웅인데요….

선생님 글쎄, 싫어한다고 이야기해야 할지는 모르겠지만, 오디
세우스 같은 사람이 되지 말아야 한다고는 생각하겠지.

다빈 선생님, 저는 솔직히 오디세우스 이야기가 잘 이해가
안 돼요. 조금만 더 설명해 주세요.

선생님 그래, 내 설명이 너무 간단했지? 예를 들어, 영민이가
중학교에 와서 다빈이를 처음 만났다고 해 보자. 그럼
처음 만났을 때, 영민이는 다빈이를 관찰해 보고 다빈
이는 이런 사람일 거라고 미리 판단을 내리겠지. 왜 보
통 아, 쟤는 이런 스타일인가 보다 같은 판단을 다 하
잖아. 그리고 나서 실제로 시간을 보내면서 내가 생각
했던 스타일에 맞는 점만 상대방한테서 확인하는 거야.
그러고서 영민이는 "역시 다빈이는 이런 사람이었어."
하고 결론을 내 버리는 거지. 이렇게 되면 우리가 다른
친구를 만나고 사귀기는 하지만 이 만남을 통해서 우리
가 몰랐던 걸 알게 되거나 친구한테 뭔가 새로운 것을
배우는 것이 아니라 내가 이미 그렇다고 생각한 것을
상대방에게 다시 확인하는 것뿐일 거야. 그러니까 다른
사람을 내 중심으로 대하는 거라고 할 수 있겠지. 그럼

다빈이는 기분이 어떨까?

다빈 별로 좋지 않겠죠.

선생님 또 아까 말한 것처럼 영민이도 다빈이를 만나면서 그동안 알지 못했던 새로운 모습을 발견하는 것이 아니라 다빈이에게서 자기가 보고 싶은 것, 아니면 이미 그렇다고 생각했던 것만 확인하게 될 거야. 사실 그건 다빈이의 진짜 모습이 아니라 영민이가 다빈이라고 생각하는 모습이겠지. 그러니까 레비나스는 나를 중심으로 다른 사람을 이용하거나 받아들이는 자기중심적인 철학을 가진 사람의 예로 오디세우스를 꼽은 거라고 할 수 있어.

다빈 이제 알겠어요. 오디세우스는 다른 사람을 내 생각과 목적에 맞춰 버리니까, 다른 사람을 만나도 그 사람 본 모습대로 인정하지 않는다는 거네요.

재영 지난번에 선생님이 말씀하신 상대방의 용량이 얼마든 내가 가진 USB 크기에 맞춰 버리는 거와 비슷해요.

선생님 재영이가 선생님보다 설명을 더 잘하네, 역시 친구를 좋아하는 데는 다 이유가 있었어. 그런데 친구를 좋아하느냐 그렇지 않느냐보다 레비나스에게 더 중요한 것은 방금 말한 것처럼 나를 중심으로 친구를 대하느냐 아니면 친구를 친구 자체로서 대하려고 하느냐겠지. 아까 선생님이 이야기한 것처럼, 오디세우스도 고향으로 돌아오면서 많은 존재를 만나고 다양한 일을 겪지만 그것들이 결국 자기의 목표를 위한 만남에 불과했으니까. 레비나스는 이렇게 자기중심적인 철학을 '전체성'의 철학이라고 불러. 조금 어려운 말이지? 쉽게 이야기하면, 전체성의 철학은 내 생각이 '전체'인 것처럼 생각하고 나와 다른 모든 것을 이 전체에 포함시켜 버리는 거야. 그렇지만 우리가 방금 말한 것처럼, 다른 사람은 내가 이해할 수 없는 많은 부분을 가지고 있으니까 레비나스는 이런 '타자'의 모습을 존중하라고 말한 거야. 그리고 그런 타자를 향해 용기를 내서 인사를 하고 말을 걸어 보라는 거고.

재영 선생님, 그럼 레비나스 입장에서 데카르트의 "나는 생각한다, 그러므로 나는 존재한다."도 전체성의 철학이라고 할 수 있겠네요. 내가 중심인 철학이잖아요.

선생님 딩동댕! 역시 최 레비!

다빈 아브라함은 오디세우스와 반대되는 사람인 거예요?

선생님 역시 다빈이가 눈치가 빠르구나. 아, 맞다, 다빈이는 지난번에 아브라함이 누군지 안다고 했지?

다빈 그럼요, 제가 교회를 다니는데 교회에서 어릴 때부터 아브라함 이야기를 많이 들었거든요.

선생님 그럼 다빈이가 아브라함에 대해서 조금 소개해 볼까?

다빈 음… 아브라함은 백 살 때 낳은 하나밖에 없는 아들 이삭을 하나님 앞에 재물로 바친 걸로 유명하잖아요.

선생님 다빈이가 교회에서 잘 배웠구나. 그런데 선생님이 하고 싶은 이야기는, 아, 물론 선생님 이야기가 아니고 레비나스 이야기라고 해야겠네. 레비나스가 하고 싶었던 이야기는 다른 부분이야. 아브라함의 고향은 원래 '우르'라는 곳인데, 하나님이 어느 날 갑자기 고향을 떠나라고 하는 거야. 오랫동안 살던 동네를 갑자기 떠나라고 하면 너희들은 기분이 어떨 것 같아?

다빈 어디로 떠나는지에 따라 다를 것 같아요.

선생님 아, 그렇겠네. 근데 하나님은 아브라함에게 어디로 가라는 이야기도 하지 않고 그냥 떠나라고 했어.

다빈 그럼 당연히 싫겠죠, 어디로 가는지도 모르고. 또 옛날에는 중간에 무슨 일을 겪을지도 몰랐을 거 아니에요.

선생님 맞아, 그럼 여기서 돌발 퀴즈! 여기까지 듣고 오디세우스와 아브라함의 차이점을 말해 보시오. 똑. 딱. 똑. 딱.

재영 정답! 오디세우스는 그리스 신화고 아브라함은 성경에 나오는 이야기!

선생님 하하, 재영아, 맞아. 그렇지만 그건 팩트지.

다빈 정답! 오디세우스는 고향으로 돌아오고 아브라함은 고향을 떠난다!

선생님 그래, 다빈이가 거의 맞았어.

다빈 힝, 정답이 아니에요?

선생님 영민이는 뭐 생각나는 거 없어?

영민 아까 선생님께서 오디세우스는 고향으로 돌아오려는 자신의 목표를 위해서 다른 사람을 이용한다고 말씀하셨으니까 아브라함은 그 반대지 않을까요?

선생님 역시 영민이가 눈치가 빠르구나.

영민 이건 눈치가 아니고 생각을 하는 거라고요.

선생님 미안. 눈치 말고 생각이 빠르구나. 고향이나 집을 떠난다는 것은 익숙한 곳을 떠난다는 의미일 거야. 그러니까 익숙한 나를 떠나 익숙하지 않은 곳, 그리고 익숙하지 않은 타인으로 방향을 바꾼다는 의미일 테고. 게다

강도를 만나고

야생동물의 공격을 받고

익숙함에서 벗어나 노숙을 하는 건

타인을 만나기 위함이지.

가 아브라함이 고향을 떠나서 가려는 곳은 어디인지도
모르는 곳이고 또 그렇게 모르는 곳으로 가다 만나게
될 사람들도 당연히 예측 불가능하겠지. 그럼에도 익숙

한 나를 떠나 다른 사람을 향해 떠나기로 결심한 사람이 바로 아브라함이야. 오디세우스가 자기에게 돌아오기 위해서, 자기가 익숙한 곳으로 돌아오기 위해 다른 사람들을 만났다면, 반대로 아브라함은 익숙한 나와 고향을 떠나 다른 사람을 만난 거라 할 수 있어.

영민 아직 정확하게는 모르겠어요.

선생님 조금 더 이야기하자면, 우리는 다른 사람을 이렇게 저렇게 평가하지만 그 사람들을 다 파악할 수는 없잖아. 아브라함 이야기는 나라는 존재는 내가 만나게 될 다른 사람을 예상할 수도, 이해할 수도 없는 그런 하나의 존재에 불과하다는 것을 강조하고 있어. 레비나스가 오디세우스 이야기는 '전체성의 철학'이라고 불렀다고 했지? 아브라함 이야기는 레비나스가 '무한성의 철학'이라고 말해.

재영 무한성이요?

선생님 금방 이해가 안되지? USB를 다시 생각해 보면, 상대방의 용량은 항상 우리 용량보다 더 큰데, 정확하게 얼마나 더 큰지 파악할 수 없어. 내가 다른 사람의 전체를 다 담을 수 없으니까 타인은 나를 중심으로 하는 '전체성'을 벗어난다고 할 수 있어. 또 파악이 안 된다는 것은 다른 사람이 무한하다는 의미라고 할 수 있을 거야. 지난번에 레비나스가 타자를 수수께끼라고 부른다고 했는데, 그 말을 생각해 보면 레비나스가 왜 타자를 파악할 수 없는 '무한'이라고 하는지 이해가 쉬울 거야.

재영 무한성의 철학, 정말 멋있는 말 같아요.

다빈 어, 나도 방금 같은 생각을 했어, 진짜 멋있는 말이지?

영민 레비나스는 정말 데카르트하고 반대되는 것 같아요. 그런데 선생님, "나는 생각한다, 그러므로 나는 존재한다."라는 데카르트 이야기를 들을 때는 그렇게 존재하는 나는 뭔가 자신 있는 나처럼 보였는데 레비나스가 생각하는 나는 좀 뭐랄까, 허약한 것처럼 보여요.

선생님 오, 흥미로운 이야기네. 영민이는 왜 그렇게 생각하게 됐지?

영민 오디세우스는 나를 중심으로 다른 사람을 파악하잖아요, 그런 점에서 강한 나처럼 보인다면, 아브라함은 모험을 떠나면서 만나게 될 다른 사람을 파악할 수도 이해할 수도 없는 존재잖아요. 그런 면에서 아브라함 이야기의 나는 뭔가 약한 존재처럼 보여요.

선생님 듣고 보니 그렇게 보일 수도 있겠네. 그럼 아브라함 이야기를 좀 더 해 볼까? 혹시 영민이의 의문이 풀릴 수도 있으니까. 아까 다빈이가 아브라함을 소개할 때 아브라함이 백 살 때 낳은 아들인 이삭을 재물로 바쳤다고 말했잖아? 그 이야기를 해 보자. 다빈이는 아브라함이 왜 이삭을 재물로 바쳤는지 기억나니?

다빈 네, 하나님이 이삭을 재물로 바치라고 한 거 아닌가요?

선생님 잘 기억하고 있네. 그런데 하나님은 왜 아브라함에게 이삭을 바치라고 했을까? 아브라함은 그 이유를 알았을까?

다빈 교회 선생님이 그 이유를 안 가르쳐 주셨던 것 같아요.

선생님 교회 선생님이 이유를 안 가르쳐 주셨다기보다는 원래 하나님이 아브라함에게 이유를 말하지 않고 그저 이삭을 재물로 바치라고 한 거야. 아브라함은 하나님의 말대로 아들을 바치지. 아브라함은 왜 하나님이 시키는 대로 했을까?

재영 그거야 신이 시키니까 해야죠.

선생님 그럼 너희들이 아브라함이었다면 어땠을까? 예를 들어, 너희는 아들은 없으니까 엄마를 재물로 바치라고 한다면 할 수 있겠니?

재영 절대 못하죠. 아무리 신이라도.

다빈 생각만 해도 무서워요. 저도 절대 못할 것 같아요.

선생님 내가 너무 극단적인 예를 들었지? 너희들 입장에서는 조금 무서운 이야기겠네. 하지만 아브라함이라고 무섭지 않았을까. 게다가 이삭은 아브라함이 백 살 때 낳은 아들이었으니 얼마나 소중했겠어? 아브라함은 신이 아들을 바치라는 말을 듣는 순간 정말 괴로웠을 거야. 신이 도대체 왜 이삭을 재물로 바치라고 하는 건지 이유도 몰랐으니까. 게다가 신의 명령을 따를지 따르지 않을지 결정할 수 있는 사람은 자기 자신밖에 없으니까 아브라함은 그 순간 정말 외롭고 고독했겠지.

결국 아브라함은 이삭을 바치기로 결정해. 그럼 이 결정에 책임이 있는 사람은 누굴까? 신이 다른 사람도 아닌 아브라함에게 명령을 했고, 또 아브라함 자신이 이 명령을 따르기로 결정했으니까 이 결정에 책임이 있는 사람도 아브라함일 거야. 자, 자식을 바치라는 신의 명령에 누군가의 힘도 빌리지 않고 홀로 결단한 아브라함이 약하다고 할 수 있을까? 내 생각에는 아브라함이야말로 정말 강한 나인 것 같아.

영민 듣고 보니 선생님 말씀이 맞는 것 같아요.

선생님 조금 더 이야기하자면, 레비나스가 생각하기에 아브라함이 신의 명령에 대답할 때 '나'가 탄생하는 거야. 그러니까 데카르트는 생각할 때 내가 존재한다고 말했다면, 레비나스는 다른 사람의 말에 응답할 때 내가 존재하게 된다고 말했어.

다빈 아… 그건 잘 이해가 안 되는걸요.

선생님 이건 아까 인사에 대해서 이야기했던 거랑 김춘수 시인의 〈꽃〉이라는 시에 대해 했던 이야기를 떠올리면 이해가 쉬울 거야. '나'는 원래 존재하는 것이 아니라 이렇게 누군가가 나를 불러 줄 때, 거기에 대답할 때 생기는 거라고 했잖아. 누군가가 나에게 말을 걸 때 대답하는 순간 내가 있게 되는 거지. 아브라함도 마찬가지야. 신이 이삭을 바치라고 명령할 때 그 명령을 따르기로 결단하고 대답하는 사람은 다른 사람이 아니라 바로 아브라함 자신, 즉 '나'니까 그때 아브라함은 삶의 주인으로 탄생한다고 이야기할 수 있는 거야.

다빈 그런데 이삭을 바치라고 한 것은 신이니까 아브라함은 그냥 신이 시키는 대로 한 거잖아요. 그게 그렇게 대단한 일인지 모르겠어요. 만약 선생님이 저한테 뭘 하라고 시키시면 저는 싫어도 할 것 같은데요?

선생님 다빈이가 아브라함을 잘 알고 있다더니 좋은 질문을 했네. 아까 이야기했듯이 이 상황에서 신의 명령에 따르기로 결정한 사람이 다른 누구가 아니라 바로 아브라함 자신이잖아. 그러면 그 결정에 책임질 사람도 바로 아브라함 자신이겠지. 그러니까 신의 명령을 따르기로 결정하는 순간, 책임을 지는 '나'가 탄생하는 거야. 내가 다빈이에게 뭘 하라고 시키는 경우도 마찬가지 아닐까? 내 명령에 따르기로 한 순간 다빈이는 그 말에 책임을 지는 하나의 주체가 되는 거야. 그렇게 결정하기 전까지는 수동적 존재였다면 그렇게 따르기로 결정하는 순간 다빈이는 자신의 결정에 책임을 지는 능동적인 존재가 되는 거지.

영민 아브라함 역시 신의 명령에 기계적으로 반응하는 수동적 존재가 아니라 능동적 존재로서의 '나'라고 할 수 있다는 거군요.

선생님 영민이가 제대로 이해했네. 하던 이야기를 계속하자면,

이렇게 능동적 '나'는 다른 사람의 명령에 대답할 때 존재하는 거니까, 레비나스의 '나'는 데카르트의 '나'와 달리 다른 사람 때문에 존재하는 나라고 할 수 있겠지.

다빈 이제 이해가 돼요. 데카르트의 나가 '생각하는 나'라면 레비나스의 나는 '책임지는 나'라고 할 수 있겠네요.

선생님 오, 감동이야. 모두 잘 따라오고 있구나. 자, 그럼, 돌발 퀴즈. 영어로 '대답하다'가 뭐지?

다빈 갑자기요? 너무 훅 들어오시는데요. 정답! answer!

선생님 그래, 맞아, 다빈아. 그것도 '대답하다'이지. 근데 answer 말고 또 있잖아? r로 시작하는….

재영 respond요!

선생님 오, 그래, 맞아. respond!

영민 재영이 네가 웬일이야, 영어를 맞히다니.

선생님 이 respond의 명사형이 response지. 책임은 영어로 뭐지?

다빈 responsibility!

선생님 와, 이거 어려운 단어인데 다빈이 영어 잘하는구나. 그래, 선생님이 왜 영어 이야기를 하냐 하면….

영민 알겠어요. '대답'의 response와 '책임'의 responsibility

가 비슷해요.

선생님 역시, 영민이가 눈치 하나는 일급의 철학자 못지않아.

영민 선생님, 눈치가 아니라 생각하는 거라니까요.

선생님 그래, 그렇지. 선생님이 아까 아브라함에게 자기의 하나밖에 없는 아들 이삭을 바치라고 신이 명령했다고 말했잖아. 그 명령에 아브라함이 반응, 즉 response를 하지. 그 대답하는 순간이 아브라함이 책임, 즉 responsibility를 지는 순간이라고 할 수 있어. 왜냐하면 아브라함 자신이 결단을 내린 거니까 신의 명령을 실행해야 하는 책임을 지게 되는 거지. 그리고 다시 이야기하면, 그 순간 책임을 지는 '나'도 탄생하는 거야.

그리고 역시 이 '나'는 다른 사람의 말에 반응하는 나니까 다른 사람 때문에 탄생한다고도 할 수 있고. 물론 그렇다고 수동적인 나라고 할 수 없다는 것도 이야기했으니까 다시 반복하지 않아도 되겠지?

영민 그런데 책임을 진다는 게 어떻게 하는 걸까요?

선생님 좋은 질문이야. 철학자가 하는 말들은 뭔가 좋은 말 같은데, 막상 어떻게 하라는 건지 잘 모를 때가 많지? 예를 한번 들어 볼까? 친구들 사이에서도 이럴 때가 있을 것 같은데, 친구들에게 괴롭힘당하는 친구의 얼굴을 보면 뭔가 책임감이 느껴지잖아. 뭔가 나한테 말을 거는 것 같기도 하고, 도와달라고 외치는 것 같기도 하고. 이

럴 때 도움을 요청하는 친구의 얼굴에 반응하는 것, 친
구를 도와주기로 결단하는 것, 그게 내가 진짜 책임지
는 나로서 존재하는 순간이라고 할 수 있지 않을까?

영민 생각은 그렇게 하고 싶은데 막상 괴롭힘당하는 친구가
나한테 도움을 요청하면 조금 무서울 것 같아요. 아브
라함만큼은 아니지만요.

선생님 괴롭힘당하는 친구처럼 아는 사람이 나에게 도움을 요
청해도 겁나는데, 모르는 사람이 나에게 요청하면 더
무섭겠지. 도움을 요청하는 사람이 좋은 사람인지 나쁜
사람인지도 모르고. 그러니까 더 결단이 필요하겠지.
하지만 결정이 어려울수록 그 결정을 하는 존재인 나의
의미가 더 커지지 않을까? 그래도 레비나스의 생각이
실천하기가 좀 어렵기는 해.

재영 아브라함은 조금 억울했을 것 같아요.

선생님 왜? 자기 아들을 재물로 바쳐야 해서?

재영 그런 점도 있지만 왜 하필 나일까, 하는 생각도 들지 않
았을까요?

선생님 맞아, 하지만 그걸 다르게 생각하면 특권일 수 있잖아.
신한테는 아브라함이 특별한 존재였으니까 아브라함에

게 명령했겠지. 예를 들어, 친구들에게 괴롭힘당하는 친구가 나한테 도움을 요청할 때, 왜 하필 나한테 부탁을 하는 거지, 하고 억울할 수도 있지만 어떻게 보면 나는 그 친구를 도울 수 있는 특별한 존재가 되는 거야. 그 책임의 무게가 무겁지만 그건 아무나 질 수 있는 게 아니니까. 왜 반장도 특별한 존재가 되기 위해서 남들한테 모범이 되어야 하고 그래서 하고 싶은 것도 못 하고 그러잖아, 반장이 억울할 수도 있지만 그렇게 해야만 또 반장이 될 수 있겠지.

영민 아브라함은 신을 믿었고 종교도 있어서 그렇게 할 수 있는지도 모르겠어요. 마더 테레사처럼 정말 남을 위해 산 사람들을 보면 대개 종교인이잖아요. 저는 종교가 없어서 그런지 그렇게 할 수 있을지 잘 모르겠어요.

선생님 그렇게 생각할 수도 있겠구나. 레비나스가 아브라함 이야기를 하는 건 비유라고 할 수 있어. 레비나스는 종교적인 신 이야기를 하고 싶었던 것은 아니야. 레비나스가 하고 싶은 이야기는 우리에게 도움을 요청하는 다른 사람이 바로 신이라는 거야. 아까 레비나스에게는 다른 사람이 내가 이해할 수 있는 '전체'를 넘어서기 때문에 무한한 존재라는 뜻에서 레비나스 철학을 '무한성의 철학'이라고 했잖아? 그런데 보통 신을 무한한 존재로 여기니까 레비나스에게는 나에게 도움을 요청하는 다른 사람이 곧 신이라고 할 수 있을 거야. 그런 의미에서 우리가 만나는 친구들과 다른 사람들이 우리에게 도움을 요청하는 것이 바로 신의 명령과 같다고 할 수 있어. 그러니까 그 사람들의 요청에 우리가 대답을 할 때 나도 존재하게 된다고 할 수 있겠지? 신 이야기가 나온 김에 조금 더 이야기하자면, 데카르트에게서도 신이 레비나스의 신과 비슷한 역할을 해.

재영 정말요? 데카르트와 레비나스는 많이 다른 철학자라고 지금까지 이야기하신 거 아니에요?

선생님 맞아. 재영아, 데카르트의 유명한 말이 뭐지?

재영 저도 이제 그 정도는 안다고요. "나는 생각한다, 그러므로 나는 존재한다."

선생님 그래, 재영이도 잘 기억하고 있구나. 질문 하나 더. 우리가 어떤 맥락에서 이 말을 했지?

영민 모든 것을 의심할 수는 있어도 그런 의심을 하기 위해서는 의심하는 존재가 필요하기 때문에 의심을 하는 나의 존재는 의심할 수 없고, 따라서 나의 존재만큼 확실한 것은 없다, 이런 맥락이었어요.

선생님 맞았어! 데카르트에게는 다른 사람보다 내가 훨씬 더 중요하다고도 했지. 다빈이도 기억나니?

다빈 네, 저도 이제 너무 많이 들어서 자다가도 대답할 수 있을 것 같아요.

선생님 다빈이가 잠 이야기를 적절하게 했네. 그런데 말이야, 내가 쉬지 않고 생각할 수는 없잖아.

재영 그렇죠, 잠도 자고, 기절할 때도 있고. 게다가 저는 평소에도 거의 생각을 안 하고 사는걸요.

다빈 그건 그래. 재영이 너는 생각을 안 하지.

선생님 친구 놀리지 말고. 그럼 내가 생각하지 않을 때는 존재하지 않게 되는 걸까?

재영 그건 잘 모르겠어요. 그래도 내가 잔다고 내가 없어지는 건 아니잖아요.

영민 아냐, 내가 자면 내가 존재하지 않는 거야. 왜냐하면 이게 꿈이라면 내 몸이라든지 이 책상이라든지 다 가짜가 될 거거든.

선생님 영민이가 잘 기억하고 있네. 데카르트 입장에서는 생각하기 때문에 내가 존재한다고 했으니 생각을 하지 않을 때는 존재하지 않아야 해. 근데 그건 좀 이상하지? 그래서 데카르트는 신이 필요했던 거야. 내가 생각하지 않아도, 그리고 내가 생각했다는 것을 잊어버려도 내가 '뿅' 하고 사라지지 않고 내가 존재하도록 도와줄 누군가. 그게 바로 데카르트 철학에서 신의 역할이야.

영민 선생님, 그동안 선생님께서 데카르트에게서는 내가 먼저 존재하고 그렇게 존재하게 된 내가 다른 사람을 이렇다 저렇다 규정하기 때문에 내가 더 중요하다고 말씀하지 않으셨어요?

선생님 맞아. 그런데 방금 이야기한 것처럼, 데카르트도 한편으로 나의 존재를 신과 같은 다른 존재에 의존하고 있는 것같이 보이지? 그러니까 나의 존재가 확실하고 그래서 내가 중요하다고 생각한 데카르트조차도 내가 계속 존재하기 위해서 다른 존재가 필요하다고 할 수 있어.

다빈 그렇다면 데카르트와 레비나스는 다른 것 같지만 비슷하네요. 레비나스도 나의 존재를 다른 사람에게 의존하잖아요.

선생님 다빈이가 대답을 아주 잘했어. 역시 센스가 있어. 레비나스 철학에서도 데카르트처럼 신이 등장하고, 아브라함 이야기를 할 때 나의 존재는 신의 명령에 응답할 때 탄생한다고 했지.

재영 어, 그런 이야기가 있었어요?

선생님 재영이가 내 말을 열심히 안 듣는구나. 아까 아브라함 이야기하면서 신이 아브라함에게 이삭을 재물로 바치라고 명령했는데 아브라함이 그 명령에 대답할 때, 즉 결단할 때 아브라함이 한 사람의 책임지는 나로서 탄생했다고 말했잖아.

재영 그러네요, 제가 정말 생각을 안 하나 봐요.

선생님 그리고 레비나스에게는 신이 곧 다른 사람이라고 했잖아. 결국 데카르트에게서든 레비나스에게서든 다른 사람이 없다면 나도 존재하지 않게 되는 거야. 사실 영민이, 재영이, 다빈이가 지금 여기서 나와 이야기하고 있다는 것을 아무도 모른다면 지금 여기에 너희 존재는 없는 거나 마찬가지겠지. 그러니까 나의 존재를 위해서 타인이 꼭 필요하다고 할 수 있어.

다빈 선생님은 데카르트와 레비나스 중에 누가 더 좋으세요?

선생님 갑자기? 이번에는 다빈이가 훅 들어오네. 마치 엄마가 좋아, 아빠가 좋아 같은 질문인걸. 궁금해?

재영 네! 궁금해요!

선생님 궁금하면 그건 다음번에.

영민 오늘 이야기는 조금 어려웠지만 엄청 중요한 걸 많이 이야기한 것 같아요.

다빈 맞아요, 저는 사실 우리가 하는 이야기가 조금 어렵기도 하고 이런 이야기를 도대체 왜 하는지 이해가 안될 때도 있었는데, 오늘 이야기를 하면서 앞으로 나를 어떻게 생각하고 친구를 어떻게 대해야 하는지에 대해서 생각을 많이 하게 되었어요.

재영 저도 이제 철학이 조금 재밌어지는 것 같아요.

선생님 이야, 선생님도 오늘 길게 이야기한 보람이 있는걸. 그래, 집에 가서 오늘 한 이야기를 잘 생각해 보면 우리가 앞으로 사람들을 만날 때 어떤 생각을 해야 하는지 감이 좀 잡힐 거야. 그리고 철학자들이 얼마나 우리와 가까운 사람들인지도 다시 한 번 알게 되면 좋겠어.

안녕~ 난 레비나스야~

드디어 내 차례가 되었군. 안녕, 나는 레비나스야. 아까 데카르트의 자기소개를 몰래 숨어서 들었는데 역시 사람들이 왜 데카르트, 데카르트 하는지 알겠더라고. 훌륭한 철학자의 자기소개는 남다른 데가 있어. 그럼 내 소개도 시작할게. 음. 음. 목 좀 풀고.

레비나스(Levinas)는 내 성이고, 이름은 에마뉘엘(Emmanuel)이야. 나는 1906년 리투아니아에서 태어났어. 여러분보다는 훨씬 나이가 많지만 데카르트보다는 많이 어리지? 리투아니아는 북유럽의 발트해 근처에 있는 나라인데, 나는 리투아니아에서 태어났지만 인생의 대부분을 프랑스에서 지냈어. 2차 세계대전 때는 프랑스 군인으로 참전했는데 금방 독일군에게 잡혀서 전쟁이 끝날 때까지 포로 생활을 했어. 전쟁의 기억은 너무 끔찍해. 포로 생활 때문에 나도 힘들긴 했지만, 유대인이던 내 가족들이 나치에 의해서 모두 학살당했기 때문이야. 지금도 이 기억을 떠올리면 목이 매여. 잠깐만, 물 좀 마실게. 암튼 전쟁과 나치에 대한 기억과 공포가 내 삶과 철학에도 많은 영향을 미쳤어. 내가 너무 분위기가 다운되는 이야기를 했지?

데카르트가 자기소개를 잘하긴 했지만, 나는 데카르트의 "나는 생각한다, 그러므로 존재한다."가 '전체성의 철학'이라고 생각해. 왜냐하면 데 카르트의 '생각하는 나'는 자기만 확실하게 존재한다고 생각하기 때문에 자신이 만든 틀, 즉 '전체'에 다른 모든 것을 흡수해 버리는 존재야. 우리는 내가 만들어 놓은 틀에 맞지 않으면 나와 '다르다'고 생각하지 않고 '틀렸다'고 생각하는 경우가 많잖아? 게다가 우리는 이렇게 나와 다름을 참지 못하고 다른 사람을 나의 틀 속으로, 전체 속에 억지로 집어넣으려고 해. 우리 가족을 학살했던 히틀러와 나치즘도 마찬가지야. 자신이 중심이라고 생각한 나치는 독일인과 다른 유대인을 인정하지 않았기 때문에 우리 가족을 죽인 거겠지. 인간의 자연 파괴도 마찬가지야. 데카르트가 말하는 나는 '생각하는 나'니까 '이성적인 나'라고 할 수 있겠지? 그러니 이성적인 나를 중심에 놓는 사람은 이성이 없는 자연은 지배하고 파괴해도 괜찮다고 생각할 거야. 내가 왜 '전체성의 철학'을 반대하는지 이제 좀 이해가 되지? 나를 중심에 놓는 철학은 나와 다른 존재를 억압하고 나를 위해 이용하는 결과를 낳기 때문이야. 그래서 이런 문제를 해결하기 위해서 나는 데카르트와 달리 내가 아닌 다른 사람을 중심에 놓는 철학을 발전시켰어.

사람들은 나의 철학을 '무한성의 철학'이라고 부르기도 하고 '타자성의 철학'이라고 부르기도 해. 말이 좀 어렵지? 내가 어려운 표현을 종종 쓰는 편이라 사람들로부터 내 철학을 이해하기가 힘들다는 불평을 젊었을 때부터 종종 들었어. 내 사진을 보면 마음씨 좋은 할아버지처럼 보이지만, 젊었을 때는 내가 생각해도 좀 까칠했거든. 아까 너희들하고 선생님이 이야기하는 걸 들었는데, 선생님이 내 철학을 아주 잘 설명해 주시는 것 같으니까 너희들은 내 말을 금방 이해할 수 있을 거야. 하던 이야기로 다시 돌아가면 내가 말하는 다른 사람, 즉 타자는 말 그대로 나와 '다른' 사람이니까 나에게 익숙한 틀과 '전체'를 벗어나 있는 정말 낯선 사람이야. 내 '전체' 안으로 흡수할 수 없는 사람이라는 의미에서 타자는 곧 내가 이해할 수 없는 무한이라고 할 수 있어. 내 철학이 왜 '타자성의 철학'이고 '무한성의 철학'이라고 하는지 좀 이해가 되지?

내가 다른 사람보다 더 중요하다면 내 마음대로 할 수 있는 권리가 중요하겠지만, 다른 사람이 중심이라면 타인과의 관계가 더 중요해질 거야. 그래서 다른 사람의 말에 항상 귀를 기울이고 다른 사람에게 말을 걸 수 있어야겠지. 선생님한테 들었겠지만, 아브라함이 아들을 제물로 바치라는 신의 명령에 대답할 때 아들을 바치는 그 결정에 '책임지는 나'가 탄생하게 되는 것처럼, 다른 사람이 내게 하는 말에 귀를 기울이고 반응할 때 내가 탄생하게 되는 거야. 이때 탄생하는 나는 그저 나 혼자 '생각하는 나'가 아니라 '책임지는 나'일 거야. 그러니까 진정한 내가 된다는 것은 나에게만 관심을 기울이는 것이 아니라 다른 사람에게 눈과 귀를 열고 그들의 요청에 반응하고 책임지기 위해서 노력한다는 의미겠지.

어때? 데카르트가 말하는 나보다 이 레비나스가 말하는 나가 좀 더 멋있지?

7

남을 위한 행동이
나에게 가장 큰
이익

선생님 어서 와, 다들 오랜만이네. 지난번에 했던 이야기는 잘 생각해 봤니?

다빈 네, 저희끼리 모여서 선생님께 들은 이야기도 정리해 보고, 또 각자 이해한 것도 이야기해 봤어요.

선생님 잘했네, 다들. 그럼 오늘은 지금까지 우리가 한 이야기를 정리해 볼까? 처음에 영민이가 자기소개를 어떻게 하면 좋을까가 궁금해서 선생님을 찾아왔지. 그러면서 다른 사람에게 소개할 수 있는 '나'는 누굴까, 다른 사람에게 소개할 '나'가 존재하기는 하는 걸까, 또 내가 존재하면 나는 변하는 존재일까, 변하지 않는 존재일까도 이야기했었지?

영민 이 질문에 대한 답을 찾기 위해 데카르트의 철학을 살펴봤어요. 특히 데카르트의 유명한 말인 "나는 생각한다, 그러므로 존재한다."를 통해서 이 모든 것이 꿈이라고 해도 꿈을 꾸는 사람은 있을 테니 나는 확실히 존재하고, 이렇게 확실히 존재하는 나는 '정신'이라는 것도 말씀하셨죠. 왜냐하면 이 모든 것이 꿈이라면 나의 몸은 이 책상이나 건물처럼 존재하지 않기 때문이라고 하셨어요.

선생님 훌륭해. 그리고 이렇게 확실하게 존재하는 내가 다른 사람의 존재를 규정한다고도 이야기했었어. 데카르트를 통해서 내가 누군지는 확실히 알았지만 결국 나를 중심으로 모든 것을 바라보게 되는 어려움이 있다고도 이야기했어. 그래서 데카르트와 반대되는 레비나스도 너희에게 소개했지?

재영 네, 저랑 레비나스가 닮았다고 하셔서 잘 기억하고 있어요. 레비나스는 내가 존재하려면 다른 사람이 먼저 있어야 하고, 이 다른 사람, 즉 레비나스가 '타자'라고 하는 사람은 우리가 파악할 수도 이해할 수도 없는 존재라고 하셨죠. 그래서 우리가 친구들을 이렇게 저렇게 규정하려고 하지만 친구는 항상 우리의 그런 규정을 벗어난다고도 했고요. 내 USB 용량으로는 친구를 담기 벅차다고요.

다빈 또 오디세우스와 아브라함을 서로 대비시켜 주셨어요. 오디세우스는 데카르트에 비유할 수 있고, 아브라함은 레비나스에 비유할 수 있다고요. 그런데 결국 그게 신이든 다른 사람이든, 다른 사람이 존재할 때 '나'도 존재할 수 있다는 점에서는 비슷하다고 했어요. 다른 사람이 우리에게 도움을 요청할 때 거기에 응답하는 순간 책임지는 내가 탄생하기 때문이라고 하셨어요.

선생님 눈물이 나는구나, 이렇게 똑똑한 아이들이라니. 지금까지 한 이야기에 내가 덧붙이고 싶은 게 있어.

재영 오, 드디어 선생님의 철학을 들을 수 있는 거예요?

선생님 선생님의 철학이라고 말하기에는 너무 거창하고 그냥 데카르트와 레비나스를 통해서 알게 된 '나'에 조금 더 보충해서 너희들이 기억해 줬으면 하는 게 있어.

영민 그게 뭐예요?

선생님 혹시 애덤 스미스라는 사람 들어 본 적 있어?

재영 아니요.

선생님 '보이지 않는 손'은?

다빈 어, 저 있어요. 학원에서 선생님이 가르쳐 주셨어요. 가격을 결정할 때 정부가 개입하지 말고 내버려 두면 된다는 그런 이야기였던 것 같아요.

선생님 맞아, 다빈이가 아무 생각 없이 학원을 다니는 게 아니었네.

다빈 말이 너무 특이해서 기억이 나요.

선생님 정확하게 알고 있는 거야. 이 보이지 않는 손 이야기를 한 사람이 애덤 스미스야. 보이지 않는 손 이야기를 좀 해 볼까? 예를 들어, 이 볼펜을 내가 만들었다고 해 보자. 100만 원에 팔면 아무도 안 사겠지? 어떻게 하면 내가 이 볼펜을 팔 수 있을까? 물론 사는 사람이 생길 때까지 가격을 낮춰야겠지. 아마 500원 정도까지 낮춰야 할 거야, 그래야 사는 사람이 생길 테니까. 이게 보이지 않는 손이 의미하는 거야. 누군가가 따로 나서서 가격을 정해 주지 않아도 보이지 않는 손이 있어서 가격을 결정해 준다는 의미지. 그런데 이런 의미 말고도 보이지 않는 손은 우리가 각자 자신의 이익을 위해 노력하면 사회 전체가 좋아진다는 의미도 있어. 예를 들어, 너희들은 올해는 자유학년제라 시험을 안 보지만 내년에는 시험을 보잖아. 그런데 재영이가 다빈이보다 시험 성적이 더 좋아, 그러면 다빈이는 어떤 마음이 들겠니?

다빈 그야 당연히 기분이 나쁘죠. 재영이는 저보다 공부도 열심히 안 하고 머리도 안 좋은걸요.

선생님 그래? 그러면 어떻게 할 것 같아?

다빈 당연히 더 열심히 공부해서 재영이를 이겨야죠.

선생님 아무래도 그렇게 되겠지. 그 결과 그다음 시험에는 다빈이가 재영이보다 성적을 잘 받았어. 그럼 재영이 너는 어떤 기분일 것 같아?

재영 저요? 아무렇지도 않을 것 같은데요. 저는 다빈이를 축하해 줄 것 같아요.

다빈 오, 진짜?

재영 아니, 사실 기분이 그렇게 좋지만은 않을 것 같아.

선생님 그럼 재영이는 어떻게 하겠니?

재영 저도 공부를 더 하려고 노력하지 않을까요?

선생님 그래, 그게 바로 보이지 않는 손이야.

다빈 이해가 잘 안 돼요. 방금 보이지 않는 손은 가격을 정하는 것과 관련이 있다면서요. 성적이 아니고요.

선생님 내가 설명이 좀 빨랐지? 다빈이랑 재영이가 경쟁하다 보면 두 사람 모두 성적이 올라서 반 평균도 올라가겠지? 두 사람은 반 평균을 올리려고 공부한 게 아니라 다른 사람보다 더 잘하려고 공부했는데 결과적으로 반 평균이 올랐어. 이게 보이지 않는 손이 의미하는 거야. 각자가 남들보다 더 이익을 얻기 위해 노력하다 보면 사회 전체도 발전할 수 있다는 생각이지.

다빈 네, 이제 이해가 돼요.

재영 저도 이해했어요, 선생님.

영민 근데 왜 갑자기 보이지 않는 손을 말씀하셨어요?

선생님 보이지 않는 손 이야기 속에 데카르트하고 비슷한 점은 없어?

영민 혹시 내가 다른 사람보다 우선한다는 거요?

선생님 맞았어. 개인의 이익이 우선이라는 게 조금 닮아 있는 것처럼 보이지?

영민 그렇게도 생각할 수 있을 것 같아요.

선생님 사람들은 이 보이지 않는 손을 오랫동안 믿어 왔어. 그런데 이게 꼭 맞는 이야기가 아니라는 걸 알게 된 거야. 이럴 때 언급되는 게 '죄수의 딜레마'지.

재영 죄수의 딜레마요?

선생님 생각해 보니 너희들한테 '딜레마'라는 말이 어렵겠구나. 딜레마는 이러지도 저러지도 못하는 상황을 말해. 예를 들면 다빈이가 영민이랑 재영이 생일 파티에 동시에 초대를 받았는데, 영민이 생일 파티에 가자니 재영이한테 미안하고, 재영이 생일 파티에 가자니 영민이한테 미안한 거지. 이렇게 이러지도 저러지도 못하는 상황을 딜레마라고 해.

영민 그런데 죄수의 딜레마는 뭐예요?

선생님 지금부터 설명해 줄 테니까 차근차근 들어 봐. 말로 설
명하는 것보다 그림을 그리는 게 낫겠다.

자, 여기 죄수 2명이 있어. 죄수 A, B라고 할까? 이 죄
수들은 각각 자백하거나 침묵할 수 있어. 검사가 죄수
A에게 가서 이렇게 이야기해. "죄수 A, 내가 당신에게
선택지를 줄 거야. 당신은 자백하거나 침묵할 수 있어.
그런데 죄수 B한테도 똑같은 선택지를 줄 거야. 자 이
게 선택지야.

1) 당신(A)이 자백을 하고 B도 자백을 하면 죄를 자백했
으니 둘 다 5년 형. 2) 당신(A)이 자백하고 B가 침묵하
면, 당신(A)은 우리 수사에 협조를 했으니 석방, B는 침

죄수의 딜레마

A의 선택 \ B의 선택		B	
		침묵	자백
A	침묵	A: 6개월 형 B: 6개월 형	A: 10년 형 B: 석방
	자백	A: 석방 B: 10년 형	A: 5년 형 B: 5년 형

묵했으니 10년 형. 3) 당신(A)이 침묵하고 B가 자백을 하면 당신(A)은 우리 수사에 협조를 안 했으니 10년 형, B는 협조했으니 석방. 4) 당신(A)이 침묵하고 B도 침묵하면 둘 다 침묵해서 죄를 입증하지 못하게 되니 6개월 형. 잘 선택해 봐."

잘 따라오고 있지?

영민 네, 표를 보니까 이해가 돼요.

선생님 그러고는 검사가 이렇게 이야기하지. "A, 내가 당신에게 하루의 시간을 줄 테니 침묵할지 자백할지 결정해, 똑같은 이야기를 지금 B에게도 할 거야."

그럼 A가 고민할 거 아니야? 자, 그럼 여기서 퀴즈. A는 어떤 선택을 할까?

재영 글쎄요. 침묵하지 않을까요? 그래야 6개월 형을 받잖아요.

선생님 땡이야!

영민 자백할 것 같아요.

선생님 오, 왜지?

영민 제가 이런 퀴즈는 자신이 있죠. 보세요, A는 B가 자백하든 침묵하든 자백하는 게 좋잖아요. 만약 B가 자백할 경우, A가 자백하지 않으면 본인만 10년 형을 받을 테니까 A는 자백하겠죠. B가 침묵할 경우, A가 자백하면 본인은 석방이잖아요. 그러니까 B가 자백하든 침묵하든 A는 자백하는 게 유리하죠.

선생님 이야, 영민이 대단한데. 딩동댕이야. 그럼 B는?

다빈 B도 똑같은 이유로 자백하겠죠.

선생님 그래, 다빈이도 잘 이해했구나.

재영 저도 이해했어요.

선생님 그래, 모두들 잘 이해했네. 그러면 그 두 사람은 어떻게 될까?

재영 두 사람 모두 자백했으니까 5년형을 받게 되겠죠. 죄수의 딜레마가 보이지 않는 손과 무슨 관계가 있나요?

선생님 내가 퀴즈에 너무 심취해서 그 이야기를 안 했구나. 이 표를 잘 보면 두 사람한테 뭐가 제일 좋을까?

재영 그거야 6개월 형 받는 게 두 사람한테 제일 좋죠.

선생님 그러려면 어떻게 해야 하지?

다빈 두 사람 모두 침묵해야죠.

선생님 그런데 두 사람은 자백해서 5년형을 받았잖아? 이게 보이지 않는 손이 틀렸다는 걸 보여 주는 거야. 보이지

않는 손은 각자 자신의 이익을 위해 노력하다 보면 사회 전체가 좋아진다는 건데, 죄수의 딜레마를 보면 죄수 A와 죄수 B 모두 자기한테 제일 이익이 되는 것을 선택해서 결정했지만 그 선택이 두 사람 모두에게 가장 좋은 것은 아니었던 거지. 그럼 어떻게 하면 두 사람이 침묵할 수 있을까?

재영 그냥 우리 침묵하자, 그렇게 말하면 되는 거 아니에요?

선생님 재영이가 너무 쉽게 맞혔네. 맞았어, 두 사람이 미리 그렇게 하자고 합의를 하면 될 거야. 다시 정리해 보면 보이지 않는 손은 우리 각자가 나를 위해서 열심히 살면 다른 사람한테도 도움이 된다는 생각이고, 죄수의 딜레마는 우리 모두가 좋아지려면 나와 다른 사람이 미리

쯧쯧, 합의를 할 것이지.

협력하는 게 좋다고 말하는 거야. 결과적으로 다른 사람과 미리 합의하고 협력하는 게 나한테도 제일 좋다는 거지.

영민 아, 그럼 죄수의 딜레마와 레비나스 철학 사이에 연관이 있는 거네요.

선생님 역시 영민이야. 우리가 지금까지 데카르트와 레비나스의 나에 대해서 이야기했는데, 데카르트의 나는 어떻게 보면 조금 이기적인 면이 있잖아, 아무래도 나를 중심에 놓으니까. 그런데 레비나스는 그렇지 않았어. 왜냐하면 레비나스는 다른 사람이 나에게 도움을 요청할 때 거기에 응답하는 순간이 내가 존재하는 순간이라고 했으니까. 내가 존재하기 위해서 다른 사람이 있어야 하는데, 그 다른 사람이 우리에게 도움을 요청하고 있어. 그런데 우리가 이야기한 것처럼, 다른 사람이 나에게 도움을 요청할 때 거기에 응답하고 도와주는 일은 사실 너무 어려운 일이잖아? 그럴 때 죄수의 딜레마를 생각하면 실천하기가 더 수월하다는 거야. 즉 나한테 가장 좋은 것은 다른 사람과 협력하는 거니까, 친구들을 먼저 생각하고 돕는 것이 손해가 아니라 나한테도 도움이 된다고 생각하면 도움을 요청하는 다른 사람에게 좀 더 쉽게 귀 기울이고 응답할 수 있지 않을까?

죄수의 딜레마와 레비나스를 연결해서 생각하면, 도움이 필요한 친구가 나에게 도움을 요청할 때 그 친구를 돕는 게 나한테도 좋은 거라고 생각할 수 있게 되겠지. 레비나스의 말대로라면 그렇게 할 때 나는 진정한 능동적 존재, '책임지는 나'로서 탄생하게 되는 거고. 레비나스 철학이든 죄수의 딜레마든, 내가 하고 싶은 이야기는 다른 사람을 돕는 것이 나한테도 가장 좋다는 걸 너희들이 잊어버리지 않으면 좋겠다는 거야. 다들 잘 이해했지?

재영 네! 선생님의 철학 잘 이해했습니다!

선생님 그래, 내 철학이라고 해 주니 고맙네. 내 생각에는 이제 너희들하고 할 얘기가 어느 정도 마무리된 것 같은데?

영민 선생님하고 내가 누구인지에 대해 이야기하면서 고민하던 문제가 어느 정도 해결이 된 것 같아요. 아직 저의 정체성이 뭔지 정확하게는 모르겠지만 선생님과 철학에 대해서 이야기하면서 철학자들도 저와 같은 문제를 고민했다는 게 너무 신기했어요.

다빈 저도 선생님하고 이야기하면서 나를 진지하게 생각하는 중학생이 된 것 같아서 으쓱한 기분이 들어요.

선생님 그래, 나도 너희들하고 이렇게 나의 정체성에 대해 이야기할 수 있어서 너무 즐거웠어. 이렇게 수준 높은 학생들과 대화를 할 수 있어서 선생님이야말로 으쓱한걸. 철학을 이야기하는 게 좀 어렵지 않을까 걱정했는데, 너희들이 잘 따라와 줘서 선생님도 신이 났거든.

내가 누구인가라는 질문은 너희 또래라면 누구나 고민하는 문제야. 수학 문제처럼 선생님이 금방 답을 줄 수 있으면 좋겠는데, 사실 나의 정체성은 그렇게 답을 찾을 수 있는 문제는 아니야. 그리고 지금 답을 찾는다고 해도 그 답이 변하지 않는 것도 아닐 테고. 그래서 더 고민스러운 문제겠지. 선생님이 너희에게 하고 싶은 말은 답을 빨리 찾는 것보다 더 중요한 것은 좋은 질문을 얼마나 오랫동안 간직할 수 있느냐야. 철학은 좋은 질문을 찾고 그 질문을 오래 고민하게 하는 힘을 길러 줘. 그러니까 너희들도 나는 누구인가라는 고민에 대한 답이 빨리 찾아지지 않더라도 그 질문을 잘 간직하면서, 또 잘 견뎌 내면서 답을 조금씩 찾아가면 좋겠어. 다들 잘할 수 있지?

영민, 다빈, 재영 네!

철학
좀 아는
십 대
01

초판 1쇄 인쇄 2021년 8월 10일
초판 1쇄 발행 2021년 8월 17일

지은이 이재환
그린이 방상호
펴낸이 홍석
이사 홍성우
인문편집팀장 박월
담당 편집 박주혜
디자인 방상호
마케팅 이송희·이가은·한유리
관리 최우리·김정선·정원경·홍보람·조영행

펴낸곳 도서출판 풀빛
등록 1979년 3월 6일 제2021-000055호
주소 07547 서울특별시 강서구 양천로 583 우림블루나인 A동 21층 2110호
전화 02-363-5995(영업), 02-364-0844(편집)
팩스 070-4275-0445
홈페이지 www.pulbit.co.kr
전자우편 inmun@pulbit.co.kr

ISBN 979-11-6172-807-0 44100
       979-11-6172-806-3 44080 (세트)

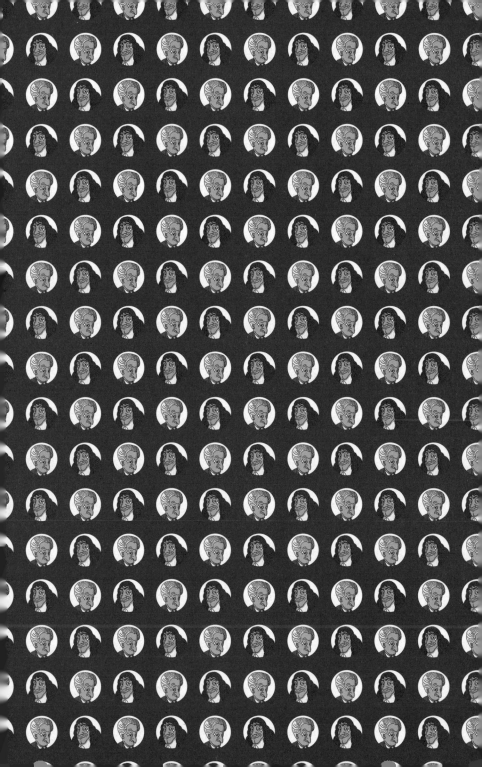

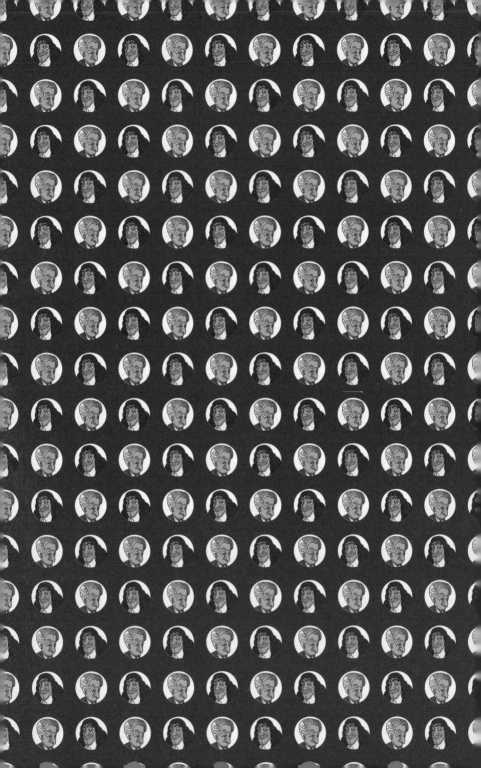

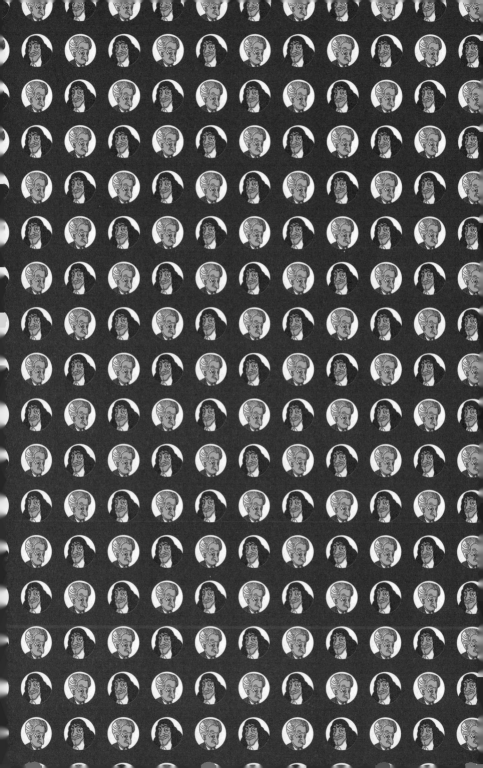

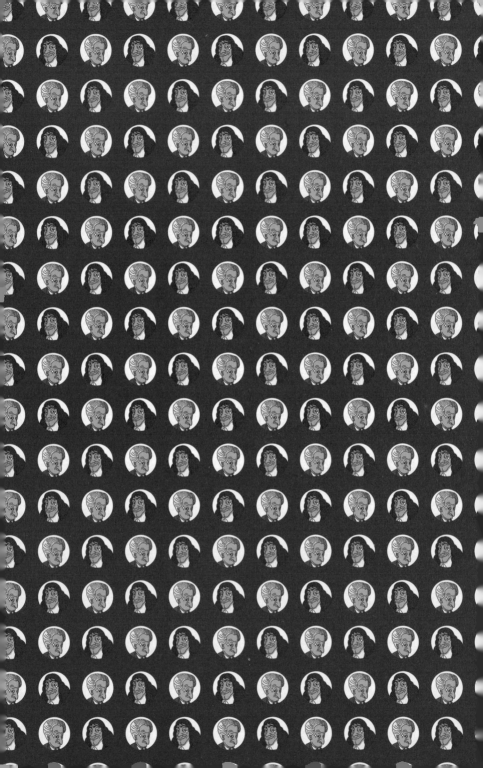